MANUSCRIPT

RELATING TO THE

EARLY HISTORY OF CANADA,

(FROM THE ARCHIVES OF THE LITERARY AND HISTORICAL SOCIETY.)

"RELATION SUR LE CANADA,"

1682-1712.

Published under the Auspices of the Literary and Historical Society of Quebec.

Quebec:
PRINTED BY MIDDLETON & DAWSON, AT THE "GAZETTE"
GENERAL PRINTING ESTABLISHMENT.
1871.

RECUEIL

De ce qui s'est passé en Canada au sujet de la guerre, tant des Anglais que des Iroquois, depuis l'année 1682.

RECUEIL

De ce qui s'est passé en Canada au sujet de la guerre, tant des Anglais que des Iroquois, depuis l'année 1682.

(PUBLIÉ SOUS LES AUSPICES DE LA SOCIÉTÉ LITTÉRAIRE ET HISTORIQUE DE QUÉBEC.)

[Ce Manuscript, très mal orthographié dans l'original, est en outre souvent illigible. Le copiste, comme on le voit, s'est servi de la permission que lui offraient ces deux causes, pour ne pas lire et pour mal ortographier aussi.]

1682.—En l'année 1682, M. Lefevre de la Barre était Gouverneur Général de toute la France Septentrionnale, et M. Devreilles (Demeulles) * de La Source, Intendant; M. Delaval, Euesque (Evêque); M. Prevot, Gouverneur de Montréal, nommé par le Séminaire de Saint Sulpice; et M. Devarennes, Gouverneur des Trois-Rivières.

La même année, comme il y avait un grand nombre de voyageurs qui furtivement allaient en commerce sans permission au pays des Outaves (Outaouais), et dans les routes par le moment (mouvement) troublaient le commerce légitime, c'est à dire ceux qui ne négociaient que par la permission de M. le Gouverneur. Cette conduite fit plaindre les intéressés, entr'autres les Sieurs Delachenaye, qui avait équipé plusieurs canots, qui, par ses remontrances, obtint de M. Delabarre un ordre adressé aux Iroquois, par lequel il leur était enjoint de piller toutes les marchandises et pelleteries qu'ils trouveraient dans les canots Français voyageurs, à moins qu'ils ne fussent porteurs des passeports

* Les mots entre guilmets sont des notes au crayon sur la marge du MS.,—on ne sait par qui.

conformes à la copie qui leur fut envoyée L'année ne fut pas écoulée que deux canots chargés de pelleteries, venant des Outaves (Outaouais), appartenant au dit Sieur Delachenaye, exploitée par M. Debeauvais Tilly, passant par Niagara, y furent arrêtés par les Iroquois, qui les sommèrent de montrer leurs passeports; faute de l'avoir, furent pillés et les effets partagés entr'eux. La plainte en fut portée à M. Delabarre, qui dépêcha le Sr. Lemoine pour disposer les Iroquois à restituer les effets qu'ils avaient pris. L'Iroquois répondit fièrement qu'ils n'avaient point agi en jeunes gens, puisqu'ils n'avaient rien fait que par ordre. Pour conclusion ils ne voulurent rien rendre. Voilà le premier acheminement à la cruelle guerre que nous avons essuyée par la suite, qui a pensé faire abandonner la Colonie. Comme il n'y avait plus de vaisseaux à Québec lorsque le Sieur Lemoine revint, on n'en put rien écrire en France. Cette même année la Basse-Ville de Québec fut brulée.

1683.—M. Delabarre fit partir au printemps de l'année 83 un petit batiment pour France, commandé par le Sieur Lagarenne, Canadien, par lequel il demandait à la Cour un nombre de troupes, à remarquer qu'il n'y en avait point en Canada. La Cour fit aussitôt équiper le vaisseau *La Tempête*, commandé par le Sieur Pingo, sur lequel on mit trois compagnies de soldats de 52 hommes chacune. Le vaisseau partit de la rade de La Rochelle le 29 du mois d'Août, et arriva devant Québec le 7 Novembre, d'où il repartit le 11 du même mois pour repasser en France les trois compagnies envoyées en quartier d'hiver aux côtes de Beaupré, Beauport et St. Jean.

1684.—Dès le petit printemps de 84 on fit partir un détachement de soldats pour fortifier le Fort Frontenac ou Cataracouy, et le reste des troupes mit sur deux barques jusqu'à Montréal, où M. Delabarre se rendit au commencement de Juin, avec la plus grande partie des milices, quelques sauvages Hurons et Algonquins. Comme les troupes n'avaient pas l'usage des canots, on fit construire de grands bateaux plats, à contenir chacun 16 hommes, et leurs vivres et équipages. Nous partîmes de Montréal à la fin de Juin, au nombre d'environ 500 hommes, et arrivâmes au Fort Frontenac vers le 12 Juillet, après avoir perdu 5 ou 6 soldats dans les rapides. Après 8 jours de séjour au dit fort, nous partîmes pour déclarer la guerre à l'Iroquois, ce que *l'on n'avait pas encore fait.* En partant du Fort Frontenac nous fîmes coucher à une île sur notre route, où il fut tué environ cent chevreuils, ce qui lui a conservé le nom de l'Ile au Chevreuil. Deux jours après nous arrivâmes à une petite rivière que l'on appelle *de la famine*, où M. Delabarre s'aperçu, un peu trop tard, qu'il n'était point en état d'insulter l'Iroquois, ce qui le détermina d'envoyer le Sieur Lemoine, qui était fort estimé de ces nations, pour engager le chef Iroquois à le venir trouver pour renouveler les traités de paix. Pendant ce moment la maladie fiévreuse se mit parmi la milice, qu'il y en avait plus de la moitié sur le grabat. Enfin Lagrandgueille et Tegamissorens, chefs, arrivèrent avec un présent d'anguille boucannée. Après les délibérations et renouvellement de paix faite, nous partimes pour le Montréal, où la plupart arrivèrent malades, desquels il en mourut environ 80. En la même année il arriva cinq compagnies de soldats, et M. le Chevalier (Hector) de Calliers, gouverneur pour le Roy à Montréal, et M. de St. Vallier, coadjuteur de M. DeLaval.

Messieurs le Marquis de Denonville et de Champigny Noroy arrivèrent à Québec pour relever M. Delabarre et M. Demeulles. Peu de jours après il reçut des lettres des commandants de Misilimakinack ; entr'autres, M. Deladurantaye lui mandait que trois Français ayant eu la curiosité de connaitre les routes de la Baye de Husson, où ils furent rendre visite aux Anglais qui y faisaient le commerce. Les Anglais les reçurent gracieusement pendant quelques jours. Ayant pris congé d'eux, ils se retiraient le long de la mer. Le troisième jour, comme ils se reposaient, ayant laissé leur canot échoué, ne se doutant point de la marée, lorsque le canot fut en *flotte*, un petit vent de terre le poussa au large sans qu'ils s'en aperçussent. Ainsi ils se trouvèrent dégradés, ce qui les détermina à retourner par terre chez les Anglais. Il y avait des Anglais sur leur route qui chassaient. Lorsqu'ils aperçurent ces trois Français ils en furent donner avis au commandant, qui les soupçonna de mauvais dessein et les fit arrêter, desquels il en envoya deux à l'Ile Charleston, à dix lieues au large, et garda le Sieur Peré au fort. Les deux qui étaient à l'île avec des Anglais n'étaient point gênés, avaient la liberté de chasser et pêcher, ce qui les facilita à fabriquer un canot d'écorce et d'épinette, avec lequel ils traversèrent en terre ferme, où ils trouvèrent des sauvages qui les ramenèrent aux Outaouais, où ils racontèrent leur aventure à M. Deladurantaye, qui en informa M. le Gouverneur Général. Aussitôt les négociants de Québec et Montréal proposèrent de faire un armement pour enlever les trois forts que les Anglais occupaient à la Baye de Husson. La chose conclue, on fit l'armement l'hiver de 86, composé de trente soldats et soixante-dix Canadiens, commandés par M. Detrois, capitaine des troupes, Ducheny et Catalogne pour commander les soldats ; les Sieurs de St. Hilaire, D'Iberville, Maricour, tous trois frères, et le Sieur Lanouë, (pour commander les Canadiens.)

Le cortège se rendit en traines sur les glaces (au bout) du long sault au commencement d'Avril, et le premier jour de Maï nous arrivâmes à Mataouan, où les deux rivières se séparent, la plus petite vers les (Outaouais), et la plus grande au Lac des Temiscamongues. Du Lac de Temiscamongues nous prîmes à droite, montant une petite rivière, où les portages sont fréquents, et de petite baie en petite baie nous gagnâmes la hauteur des terres, où se trouve un petit lac qui décharge dans le lac des *abitibis*, à l'entrée duquel nous fimes un fort de pieux et y laissâmes trois Canadiens ; et ensuite traversâmes le lac qui se décharge par une rivière extrêmement rapide à la Baye de Husson, où nous arrivâmes le 18 de Juin avec tous les préparatifs pour prendre le fort. Deux sauvages nous informèrent de la situation du fort, qui était à 4 bastions, un canon de 8e de balles, à chaque flancs ; ils nous dirent aussi qu'il y avait dedans un petit vaisseau. Nous partîmes à minuit close, mais nous fûmes surpris dans ce climat, en ce que le crépuscule n'était pas fermé que l'aurore parut ; le temps étant fort serein, ce qui nous obligea à nous retirer dans un cric de marée haute, où nous restâmes toute la journée, après avoir laissé deux vedettes dans l'île où était le fort.

Dès le soir nous partîmes et fûmes à nos vedettes, qui nous dirent que le vaisseau était parti. Les Sieurs de St. Hilaire (St. Helène ?) et D'Iberville furent à la découverte de si près qu'ils sondèrent les canons qui n'étaient point chargés ; cela n'empêcha pas que l'on ne suivit le premier projet, qui était de couper la palissade pour faire une brèche, où les soldats étaient destinés que je commandais. En outre nous avions fait un bélier, porté par les Canadiens, qui en deux coups rompirent les pentures des portes, ce qui fit cesser la brèche. Etant maitres du fort, nous ne l'étions pas du batiment, qui était carré, de pièces sur pièces, de vingt pieds de hauteur ; le dessus fait en pont de navire, avec un garde-corps avec des petits canons de 2e ; au devant de la porte il y avait un tambour de pieux qui empêchait la jouissance du bélier, lequel il fallut démonter, et ensuite la porte fut enfoncée. Néanmoins répoussée et retenue par les assiégés, en sorte que le Sieur D'Iberville était pressé entre la porte et le poteau, sans que nous puissions le dégager, ayant un pistolet à la main le tira à tout hasard, ce qui épouvanta les assiégés, qui nous abandonnèrent la porte. On apporta en peu de temps de la lumière que nous avions dans des lanternes, et fûmes dans les appartements, où les Anglais nous demandèrent cartier. Ils étaient au nombre de quinze. Il n'y eu que leur canonnier de tué, à qui M. de St. Hilaire (St. Helène ?) donna un coup de fusil au milieu du front, par un des sabords d'en haut, où il chargeait un canon avec des morceaux de gros verre cassé. L'action dura environ deux heures, pendant laquelle on ne cessa de fusillier les fenêtres et sabords.

Devant le port il y avait un batiment échoué, qui avait été pris sur les Français de Québec ; on se détermina à le faire mettre en état de naviguer, pour nous en servir à transporter les canons pour la prise des autres forts. Après huit jours de séjours, pendant lesquels nombre de sauvages vinrent en traite, nous partîmes par la droite de la baie, en sortant, pour aller prendre le Fort Rupert, distant de celui-ci de quarante lieues, afin de tâcher de surprendre le vaisseau qui y faisait route. En effet, comme nous étions sur une pointe, d'où l'on fait la traverse de dix lieues pour en abréger près de trente, nous vîmes le vaisseau à travers des glâces flottantes. Comme elles étaient au vent à nous, nous en ressentions la fraicheur comme au plus fort de l'hiver. Le vent ayant cessé le 2e jour, 27 Juin, nous traversâmes cette baie à travers les glaces qui était commes des îles flottantes, qui allaient au gré du vent, sur lesquelles et aux environs il y avait un nombre infini de loups-marins et de canage de mer. La traversée faite, nous y trouvâmes trois sauvages qui voulaient s'enfuir, nous ayant pris pour des Iroquois, ayant beaucoup de crainte de cette nation quoiqu'ils ne les aient jamais vus. Nous continuâmes notre route, gardant à vue le vaisseau, qui fut mouiller devant le fort, à la portée du fusil. Les officiers Canadiens furent le soir à la découverte, à travers les bois, et sur leurs opinions, M. D'Iberville demanda deux canots armés de 7 hommes chacun, avec lesquels il aborderait le vaisseau, et que le reste du détachement, en cas de résistance, ferait feu sur les Anglais. Nous n'en fûmes pas à la peine, car M. D'Iberville monta sur le vaisseau sans opposition, tout le monde, au nombre de quinze, étaient endormis. Le Général Brigur (Bridger ?) était dessus et un capitaine d'un vaisseau, qui, l'automne précédente, avait fait naufrage dans ces côtes, lequel saisit M. D'Iberville au collet ; mais comme M. D'Iberville était fort et vigilant, lui fendit la tête d'un coup de sabre, et tomba mort sur son lit ; un matelot fut aussi tué en dormant. Comme l'action fut courte, et que le signal fut donné, nous fûmes au fort, duquel nous enfonçâmes la porte d'un coup de bélier. Quoique nous fussions maîtres du fort nous ne l'étions pas du batiment, car s'il y avait eu dix bons hommes ils nous auraient battus, parce que, comme je l'ai déjà dit, leurs maisons sont de pièces sur pièces. A celle-ci il y avait quatre guérittes pendantes, et un dégré en rampe pour monter au plain-pied; par conséquent le bélier inutile, notre mousqueterie ne cessait de tirer aux embrasures des fenêtres. Deux petits canons que nous avions apportés furent braqués sur la porte, sans que les assiégés fissent aucun mouvement. Il y avait une échelle qui portait sur le haut de la maison, un soldat et un Canadien y montèrent avec des grenades, après avoir fait ouverture avec une hache, par laquelle ils jettèrent des grenades qui tombaient dans une grande salle où toutes les chambres répondaient, avec un effet admirable. Une dame échappée du naufrage du vaisseau dont j'ai parlé, s'y était réfugiée; croyant que le feu était à la maison par l'éclat des grenades, se hasarda d'entreprendre à vouloir ouvrir la porte, à la lueur d'un éclat de grenade. Le commandant l'aperçut, et lui cria de se retirer, qu'il allait ouvrir la porte; ce qu'il fit effectivement en passant devant une fenêtre où la mousqueterie ne cessait de tirer, sans qu'il en fut atteint. La porte ouverte, j'étais avec M. D'Iberville et plusieurs autres; nous entrâmes. Je m'étais muni d'une chandelle, et monté dans les apartemements, c'est à dire dans la salle, sans trouver personne. Une voix plaintive me fit ouvrir la porte d'un cabinet, où je trouvai cette Anglaise en chemise, toute ensanglantée par l'effet d'un éclat de grenade dans la hanche. Ma présence, si l'on en juge par son cri piteux, lui fit autant d'impression que le bruit de la grenade, puisque nous resemblions à des bandits. Par ses cris elle demandait M. Docte (Doctor?), que je repetai à grands cris. Aussitôt parut le chirurgien qui me demanda cartier. Je le menai au cabinet de la dame. Quoique ma figure ne lui fut point agréable, elle eut de la reconnaissance, en ce que je mis un fauteuil devant sa porte pour que personne n'y entrât que les officiers. La scène étant finie, et le jour venu, chacun courait à la pitance. On amena du vaisseau le Général Brigeur, qui proposa à M. DeTroys de lui rendre son vaisseau avec ses 14 hommes, qu'il le défiait de le prendre avec tout ce qu'il avait de Français. On le turlupina un peu, et y ayant près le fort un hiak, on mit deux ouvriers Anglais à le radouber, pour leur servir à passer en Angleterre ou au port Nelson. M. D'Iberville amarina sa prise ; et après quatre jours de séjour nous partîmes pour retourner par notre même chemin, et M. D'Iberville mena le vaisseau pour aller charger huit pièces de canon pour canonner les trois forts, distants du premier de 40 lieues. Lorsque nous fûmes à la traversée où nous avions trouvé les glaces en allant, il n'y en avait plus. Nous commençâmes la traversée comme le soleil se levait. Deux heures après il fit une brume si épaisse avec le vent devant que deux canots ne pouvaient pas se voir, par conséquent sauve qui peut. Comme j'étais maître de mon canot, je ne changeai point ma route, et nous arrivâmes au bout de notre traversée, où un autre canot nous suivit au bruit des coups de fusil. Le soir nous trouvâmes deux autres canots, mais pour M. DeTroys et ceux qui étaient avec lui nous ne savions ce qu'ils étaient devenus. Deux jours après nous arrivâmes à notre fort, où M. DeTroys arriva aussi trois jours après nous, et le vaisseau en même temps, sur lequel on chargea les canons et amonitions, mais fort peu de vivres. Nous partîmes en canot, à gauche, le long de la mer. Nous fûmes 5 jours à nous rendre devant le Fort Quiquitchiouan, distant de 40 lieues du premier. Ce fort est un grand quart de lieue avant dans une petite rivière qui ne porte que de petits batiments ; au devant il y a une île, où nous d.sposâmes une batterie pour huit canons. Pour y parvenir il fallut couper une partie de la terre à coups de hache, tant elle était gelée. Les Anglais qui voyaient tout ces mouvements n'en faisaient aucun de leur côté. Lorsque la batterie fut achevée, quoique nous n'eussions pas les canons, M. DeTroys envoya un tambour avec un interprête pour sommer le gouverneur de rendre le Sieur Peré qu'il avait retenu, que faute de quoi il lui demandait la place. Le gouverneur répondit qu'il avait renvoyé le dit Sieur Peré en France par l'Angleterre, et que l'on avait tort de l'insulter, puisqu'il n'y avait point de guerre entre les deux Couronnes. La chose en demeura là, attendant toujours nos canons ; les vents n'étaient point favorables pour amener le vaisseau, nous n'avions plus de vivres, point de chasse dans cette saison, ni d'autres ressources qu'un persil de Macedoine ? ou à périr, ou prendre le fort par escalade. Le conseil tenu, on commença des échelles, mais par bonheur la surveille de la Ste. Anne le vaisseau entra, on déchargea les canons ; le lendemain on les mit en batterie ; dès le soir on en fit une décharge, à laquelle les assiégés répondirent par une des leurs. Le lendemain, jour de Ste. Anne, on recommença à canonner, les assiégés de même, mais notre canon leur en démonta du leur, et ne tirait que lentement. Nos boulets diminuaient fort, on résolut d'en faire de plomb ; mais il fallait observer la proportion du poids et du calibre. Pour cet effet on fit un moule, dans le centre duquel on mettait de petites boules de bois, soutenues dans le milieu par de petites chevilles ; ce qui nous réussit. Comme, vers midi, nous laissions rafraichir le canon, les assiégés envoyèrent un canot où était le ministre, à qui M. DeTroys dit qu'il voulait absolument que la place lui fut rendue. Le ministre lui dit qu'en pareil cas il fallait qu'il conférât avec le gouverneur ; ainsi, s'il voulait faire la moitié du chemin avec son canot, que le gouverneur s'y rendrait ; ce qui fut effectué. Les articles signés, M. D'Iberville fut prendre possession du fort. Les Anglais sortirent, le gouverneur, sa femme, son fils, le ministre, sa servante, et trente hommes ; et moi, avec nos soldats, je gardais le camp, où je fis la recherche des vivres, et n'y en trouvai en tout que pour faire diner quinze hommes. M. DeTroys qui était resté au camp avec moi, m'envoya chercher au vaisseau la dame Anglaise de qui j'ai ci-devant parlé, qui avait été guérie par un de nos chirurgiens. Le détachement fait pour garder le fort, où M. D'Iberville resta commandant, qui ne suivait pas les articles de la capitulation, de quoi se sont plaint les Anglais. Le M. DeTroys partit sans faire observer aucun ordre de route, à sauve qui peut.

avec très peu de vivres, c'est à dire de l'orge germée, avec laquelle les Anglais faisaient de la bière. Nous nous rendîmes à Montréal au mois d'Octobre, où les derniers n'arrivèrent qu'un mois après les premiers.

M. le Marquis de Denonville venait de faire le voyage du Fort de Frontenac, où sans doute il conçut le dessein de faire la guerre aux Iroquois sans la leur déclarer. Dans la même année, il arriva nombre de troupes, et ordre fut donné aux capitaines de mettre leurs soldats en équipages de campagne. On envoya force vivres au Fort Frontenac, où le Sieur Dorvily, père, était commandant, avec une forte garnison, sans que l'Iroquois entrât en aucune défiance, y en ayant bon nombre d'établis autour de ce fort, d'autres cabanés le long du fleuve et à coté.

1687.—L'hiver de 87, l'ordre fut donné aux troupes et milices de se rendre à la fin de Mai à Montréal camper à L'Ile Ste. Hélène. M. de Champigny, Intendant, y arriva des premiers, et partit peu de jours après pour le Fort Frontenac, et en chemin faisant, tous les Iroquois qu'il trouva en sa route il les invita à un festin qu'il allait faire au dit fort; ceux qui étaient cabanés aux environ de ce poste y furent aussi invités. Pendant ce temps il y avait des charpentiers qui disposaient des pièces de bois par coches pour mettre tous les conviés aux ceps. Le jour assigné au festin étant arrivé, tous les conviés furent arrêtés, et comme il n'y avait point de logement pour servir de prison, on les mit, au nombre de 95 hommes, aux ceps, un pied d'un chacun à la coche; un piquet qui leur servait de dossier, où il y avait une corde qui les attachait par le col; leurs bras bien serrés d'une ligne: leurs femmes et filles avaient la liberté de leur faire à manger. Dans cette situation ils chantaient à pleine tête leurs chansons de mort. Cette expédition faite, M. de Champigny repartit pour le Montréal. Dans cette intervalle, M. le Marquis de Denonville, ayant pour conseil le Père Engelevant, jésuite, disposait le départ de son armée. Comme on était prêts à partir de Montréal, arriva M. le Marquis de Vaudreuil, nommé commandant des troupes, qui débarqua à Québec le jour de la Fête-Dieu, n'ayant été en sa traversée de France que 29 jours. Cette même année, le reste de 35 compagnies complêtes arrivèrent, à remarquer que le Roi avait donné le pouvoir à son gouverneur général de pourvoir aux emplois vacants, ce qui fit que les Sieurs de St. Ours, Duguay et la Durantaye, anciens capitaines de Carignan, furent remplacés, et le Sieur Delorimier, qui n'était que sergent, fait capitaine, à la place du Sieur Deflours qui mourut à l'Hotel-Dieu de Québec.

L'armée ainsi disposée partit de Montréal à la fin de Juin, arrivant à la Gallette qui est le haut de tous les rapides; nous y rencontrâmes Monsieur de Champigny, qui rendit compte à M. le Marquis de Denonville de l'expédition qu'il venait de faire, et continua sa route vers le Montréal; et nous nous rendîmes trois jours après au Fort Frontenac. Aussitôt arrivés on fit un détachement, qui, avec le canot qui convoyait les vivres, menèrent les Iroquois dans les prisons de Québec. Le Sieur Peré, qui était revenu l'année précédente d'Angleterre, fut envoyé avec un détachement de voyageurs à Quinté, à 25 lieues du fort, pour prendre tous les Iroquois qui y étaient résidents, et les amena aussi prisonniers, et de là envoyés aux gallères à Marseilles.

L'année précédente, M. le Marquis de Denonville avait envoyé ordre aux Sieurs Deladurantaye, Dulhut et Tonty de faire descendre tous les Français voyageurs et tous les sauvages de bonne volonté, dont le rendez-vous était à la R. des Sables. Avant de partir du Fort Frontenac il voulait savoir si ses ordres étaient suivis; si bien que ces messieurs lui donnèrent avis qu'ils étaient à Niagara au nombre de 400 Français et environ 600 sauvages. Par ce nombre son armée se trouvait autour de trois mille hommes, et renvoya le dit canot à Niagara.

Notez que comme ces voyageurs venaient au rendez-vous,

qui allaient en traite sur nos terres, lesquels ils pillèrent, et en enmenèrent quelques uns avec eux, entr'autres Lafontaine Marion, Français qui les guidait.

Avant de partir du Fort Frontenac il fit charger des vivres sur une des trois barques, avec ordre d'aller mouiller vers la Rivière aux Sables, ce qui fut suivi de point en point.

Quelque précaution que prit M. le Marquis de Denonville de cacher son dessein aux Iroquois, ils furent avertis, et comment un des prisonniers au fort ayant demandé à lâcher l'aiguillette, fut conduit à une guéritte qui servait de lieux par un soldat. Quoique les murailles aient 16 pieds de hauteur, le prisonier sauta du haut en bas, probablement sans s'incommoder. Le soldat se mit à crier, mais avant que la porte du fort fut ouverte, le prisonier fut dans le bois, et fut donner avis aux villages de tous ces mouvements, et donna occasion aux Sonnontouans de s'assembler environ 600.

Partant du Fort de Frontenac nous prîmes la route par l'île au Chevreuil, de là à la rivière de la Famine. Tout le long du lac en doublant la pointe au-dessous la rivière des sables nous vîmes les voyageurs qui doublaient la pointe au-dessus, en sorte que nous débarquâmes en même temps. Le lendemain on fit des détachements pour construire un fort de pieux, qui en trois jours fut achevé.

Le conseil de guerre fut tenu, qui condamna Lafontaine Marion à avoir la tête cassée, ce qui fut exécuté sur le champs.

Le fort étant fini, l'ordre fut donné que chacun portât des vivres pour douze jours. L'armée fut divisée en quatre bataillons de troupes réglée et quatre bataillons de milices. M. le Chevalier de Callières marchait à la tête avec un camp volant de volontaires et de voyageurs, où étaient les Sieurs Deladurantaye et Dulhut; et le Sieur de Tonty, manchot, commandait les Illinois; d'autres commandaient les Outaouais et Hurons, quoique ces nations n'en font qu'à leur fantaisie.

On compte 12 lieues du bord du lac au grand village des Sonnontouans. La première journée nous couchâmes à moitié chemin ; le lendemain nous continuâmes, et comme il faisait extrêmement chaud on faisait fréquemment des haltes. M. de Callières, qui était un grand quart de lieue à la tête, s'étant arrêté sur un penchant au bas duquel était une espèce de fondrière, quelques-uns de ses gens y furent pour voir s'il y avait de l'eau, et appercevant quelque vestige des ennemis, en vinrent donner avis, sur quoi M. de Callières détacha un coureur pour avertir M. le Marquis de Denonville, qui marcha aussitôt. Lorsque les six cents Iroquois qui étaient en embuscade virent le gros de ses troupes, ils firent leur cri et commencèrent leurs décharges. Nos sauvages qui étaient à l'avant-garde lâchèrent pied, mais la contenance de M. de Callières et les Français qui étaient avec lui leur inspira de l'ardeur. Nous y eûmes sept hommes de tués, quelques-uns de blessés. Le Sieur de Louvigny, major, eut la forme de son chapeau percée d'une balle. M. le Marquis de Denonville, qui avait gagné la tête du premier bataillon, où tout le feu des ennemis s'adressait, n'y reçut auun mal. Enfin les voyageurs et sauvages poursuivirent quelque temps l'ennemi, d'où, à leur retour, ils rapportèrent quatorze têtes ; ainsi les ennemis y perdirent 14 hommes. Comme il se faisait un peu tard, et que pour aller au village il y a un long défilé de brouissailles, on coucha sur le champ de bataille.

Les ennemis ayant retourné à leur village, vuidèrent leurs cabannes, et brulèrent eux-mêmes leur fort et cabannes.

Le lendemain on prit la route du village, où nous ne trouvâmes que cendres ; les fourageurs trouvèrent des caches de blé-d'inde et de fèves, d'avilor, quelques cochons et chiens ; d'autres déterraient les morts pour avoir leurs couvertes et ustensiles, qu'ils ensevelissent ; on fit de gros détachements pour couper tout leurs blé-d'inde, fèves et citrouilles. Ayant parcouru et ravagé les quatre villages sans voir aucun ennemi, nous retournâmes le 12e jour au bord du lac, où nous restâmes deux jours. Le 3e jours nous partîmes pour Niagara, où l'on construisit un fort à quatre bastions de gros pieux, qui fut fait en huit jours.

On envoya un détachement de soldats, commandés par le Baron de la Houta (Hontan ?), au Détroit, et Messieurs Deladurantaye, Dulhut et Tonty, avec les voyageurs et sauvages, s'en retournèrent à leurs postes.

Le fort étant fini, les gens du pays d'en haut partis, on fit un détachement de cent soldats d'élite, six officiers, un garde-magasin, trois charpentiers, commandés par M. DeTroys, après quoi M. le Marquis de Denonville, avec M. de Callières et les milices, prit la route de Montréal par le même coté du lac ; et M. le Marquis de Vaudreuil, avec les troupes réglées, passa par le coté du nord du lac, en faisant le tour du cul-de-sac.

Comme M. le Marquis de Denonville avait gagné le devant, et que ses voitures étaient plus avantageuses que celles des troupes, lorsque nous arrivâmes au Fort Frontenac nous trouvâmes qu'il en était parti, y ayant laissé des ordres à M. le Marquis de Vaudreuil.

Enfin, voilà la prédiction d'un sauvage arrivée. Le nommé Louis Atarice, (Atarhea ?) à qui Louis Quatorze donna son nom, étant en France, les missionaires l'ayant chassé de la mission du Sault Saint Louis, lui ayant imputé d'avoir commis un inuste, lorsqu'il vit commencer la guerre dit à M. le Marquis de Denonville que son entreprise lui paraissait grande, que s'il n'y prenait garde de près qu'il ferait peut-être comme celui qui va fourgailler un nid de guèpes, qu'à moins qu'il ne trouve moyen de les écraser toutes à la fois, il court risque d'en recevoir des piqûres.

Nous n'eûmes pas plutôt quitté le pays des Iroquois que toutes ces nations s'assemblèrent et partaient comme des forcenés pour venir sur nos côtes. Une de nos barques, venant de Niagara, fut attaquée sur le lac, mais la bravoure de quelques matelots Canadiens la défendit ; un père Jésuite qui y était eût grande peur.

Une autre barque était à la Galette pour y recevoir la charge des convois, Mr. le Marquis de Vaudreuil étant parti du Fort Frontenac avec les troupes, après y avoir laissé pareil nombre de garnison qu'à Niagara, commandé par M. de Valvaine (Vallerenne?), il fut camper au haut du rapide plat, huit lieues au-dessous de la Galette, afin de favoriser les convois ; il y en arriva dix canots, à qui on donna une escorte commandée par M. Demuy. Lorsque les premiers arrivés eurent fait leur décharge à la barque, elle se trouva pleine, et il restait encore trois canots chargés. M. Demuy leur ordonna d'aller jusqu'au fort, où il y a 25 lieues ; ils dirent qu'ils ne le pouvaient sans escorte. M. Demuy s'emporta et lâcha un coup de pistolet sur un des canoteurs ; enfin ils résolurent d'obéir. Aussitôt M. Demuy partit ; il n'était pas à deux lieues qu'une troupe d'Iroquois tombèrent sur ses trois canots, où il y avait trois hommes à chacun ; il y en eut deux qui se jettèrent à la nage, qui à la faveur de la barque, se sauvèrent dedans ; les autres furent tués et amenés prisonniers. Comme il y avait un canot d'écorce à la barque et des canoteurs, on l'envoya pour en donner avis à M. de Vaudreuil, qui avait décampé du rapide plat à l'arrivée de M. Demuy et fut camper à l'île aux chats, au-dessus du long sault, où le canot détaché arriva à minuit. Sur ses avis le conseil jugea qu'il n'y avait d'autre parti à prendre que de se rendre à Montréal. Ainsi on partit à la pointe du jour ; et M. Gaillard, commissaire, y oublia sa cassette, où étaient ses papiers, qui lui coûta cent écus pour l'envoyer chercher. Etant arrivées à Montréal, les troupes furent envoyées dans les quartiers d'hiver, partie occupées à travailler à l'enceinte de la ville, et moi envoyé à la prairie de la Magdelaine et St. Lambert y faire deux forts, un autre au Sault pour les sauvages, où l'on mit garnison. On fit en outre vingt-huit forts dans le gouvernement de Montréal, où l'on obligea tous les habitants de s'y retirer et d'y apporter leurs effets, y ayant mis garnison dans chacun.*

1688.—L'hiver, un parti de trois à quatre cents Français et sauvages furent bruler et saccager Corlard, village Anglais ; on en amena nombre de prisonniers et des chevaux chargés des dépouilles ; quelques-uns trainant de l'arrière, furent pris par les Iroquois.

Au mois de Février, un envoyé du Fort Frontenac arriva à Montréal, qui nous apprit que le scorbut était sur toute la garnison. M. de Callières, prévoyant les mauvaises suites, fit commander un détachement, tant des troupes que de la milice, pour secourir ce poste. Menant chacun une petite traîne chargée de rafraichissements, nous partîmes de Montréal au commencement de Mars. Dès que nous fûmes en route, les pluies furent si fréquentes que les glaces et les neiges devinrent impraticables. Nous fûmes jusqu'au côteau des cèdres, d'où, quatre jours après, nous fûmes contraints de relâcher, et il était temps, car, passant sur le Lac St. Louis, tout le lac se détacha et dérivait vers le Sault. Néanmoins nous atterrâmes à la Chine, d'où le Sieur Chevalier Daou (D'O ou D'Eau ?), commandant le détachement, écrivit à M. de Callières le sujet de notre relâche, qui ordonna que nous resterions à la Chine jusqu'à la navigation, qui arriva bientôt ; et à cet effet on disposa des canots et canoteurs pour quatrevingt hommes, savoir, trente soldats, six officiers, six mariniers pour les barques, le reste des voyageurs commandés par M. de St. Circq. Etant arrivés aux chenaux du long sault, un sergent des troupes eut quelque discussion, et mal à propos, avec un Canadien. M. de St. Circq menaça le Canadien et fit démonstration de frapper : tous les canoteurs prirent les armes ; M. de St. Circq se retira dans sa tante, où la pluralité des officiers lui

* NOTE EN MARGE.—Dans le même automne Chambly fut attaqué, et défendu par M. Duplessys. Il y eut quelques habitants pris, de même qu'à la prairie de la Magdelaine.

conseilla de ne plus rien dire, et nous continuâmes le voyage sans accident. Nous arrivâmès au Fort Frontenac vers le 20 Avril, où nous trouvâmes la garnison réduite à 12 ou 15 personnes, ce qui nous fit juger que celle de Niagara n'avait pas été mieux traitée. On disposa promptement une barque. Pendant que l'on l'amarinait, M. de St. Circq partit avec les Canadiens et quelques malades. Lorsqu'il fut dans les îles de Tonniata, comme il n'avait pu ou voulu agir en commandant, plusieurs canots se détachèrent pour chasser au gibier. Deux canots de ces mutins tombèrent dans une embuscade de quelques Iroquois, qui en tuèrent une partie et amenèrent les autres ; on voulut leur aller donner du secours, mais inutilement ; le reste se rendit à Montréal.

Enfin la barque équipée, des trente soldats qui avaient montés on en mit quinze et quatre officiers, un jésuite, le capitaine de la barque et dix matelots. Comme le capitaine manqua sa route en partant du fort, parce qu'il avait trop bu de vin, nous ne pûmes nous rendre à Niagara que le 12 de Mai, à minuit. Un des officiers vint à notre bord, qui nous dit que toute la garnison se portait bien ; mais lorsque nous fûmes au fort nous vîmes bien le contraire, puisqu'il y avait plus de 80 juste-au-corps pendus le long de la palissade ; enfin, il n'y avait que trois officiers et quatre soldats se portant bien, et cinq ou six moribonds que l'on transporta dans la barque ; il y en eut un qui mourut en le portant, les autres furent bientôt guéris ; et les quatrevingt Miamis que nous y. trouvâmes campés, n'y avaient arrivé qu'à la fin d'Avril ; ils croyaient qu'ils seraient tous morts, mais ces sauvages allaient souvent à la chasse, qui ne leur laissèrent point manquer de chevreuil ni de dindes.

Ils nous apprirent que M. DeTroys, commandant, était mort le 8 Mai, et que c'était à lui à qui on attribuait la principale cause de la maladie, en ce que dès l'automne il avait retranché les vivres, refusé de tuer une vache qu'il avait, que par ce moyen on aurait eu le foin qui lui était destiné pour mettre dans les paillasses des soldats qui étaient contraints de coucher sur la terre. Cette dureté détermina toute la garnison à former une sédition, c'est-à-dire d'égorger le commandant et quelques autres officiers, de qui ils n'étaient pas contents, et voulaient s'élire un commandant pour les conduire chez les Anglais, à la Nouvelle York ; de toute la garnison il n'y en eut que trois qui ne voulurent pas être de la partie. La veille que l'exécution devait se faire, un gros parti d'Iroquois se présenta devant le fort, qui de loin firent quelques escarmouches, et tinrent la garnison en haleine pendant plusieurs jours ; cela fit ralentir leur dessein, et plusieurs tombèrent malades, qui acheva de rompre leur projet.

Les quatrevingt Miamis qui étaient campés sous le fort ne voulaient point s'en retourner en leur pays sans avoir fait quelque tentative sur l'Iroquois ; ils partirent du fort environ soixante-cinq pour aller surprendre quelque village Sonnontouans. Lorsqu'ils furent aux approches, ils tombèrent dans une embuscade d'ennemis ; quelques coups furent lâchés de part et d'autre ; les Miamis prirent la fuite, et il n'y eut qu'un Iroquois de tué, de qui ils apportèrent la chevelure : enfin les premiers qui arrivèrent au fort nous dirent que tous leurs gens étaient défaits. Les femmes qui avaient resté au fort se mirent à pleurer, et ne cessèrent pendant trois jours que ces fuyards furent à se rendre les uns après les autres, en sorte qu'il ne leur manquait qu'un homme. Le lendemain ils se disposèrent à partir, et le firent en effet. Nous les traversâmes la rivière en bateau, et s'en furent à travers les bois pour gagner le Détroit, et de là traverser à leur terre.

Quatre jours après arriva celui qui manquait à la troupe, qui avait été huit jours sans manger, et qui avait une flèche à travers la cuisse. Notre chirurgien lui arracha en la faisant passer au travers de la cuisse, ce que le sauvage souffrit sans remuer, et en peu de jours fut guéri.

Vers la mi-Septembre deux barques arrivèrent avec ordre au commandant de bruler le fort, et de ramener les effets au

Fort Frontenac, et la garnison à Montréal, ce qui fut exécuté en quatre jours. Ainsi nous retournâmes au Fort Frontenac; nous prîmes des bateaux pour nous rendre à Montréal, menant le Miamis avec nous.

Etant arrivés à Montréal, nous apprîmes que plusieurs partis Iroquois avaient paru dans les côtes de Chateauguay, de la prairie de la Magdeleine, à Chambly, et à Sorel, où ils avaient pris un nombre d'habitants et soldats, pour ne pas suivre les ordres qui défendaient de sortir sans escorte. Pour ravitailler le Fort Frontenac il se faisait annuellement de gros détachement; cette année il était de 800 hommes, commandés par M. de Callières, et avant de partir du fort on faisait et voiturait tous les bois de chauffage de la garnison.

Je ne sais si M. le Marquis de Denonville s'aperçut qu'il avait mal enfourné, l'affaire lui paraissant sérieuse, puisque l'ennemi était maître de la campagne, et que la plupart des terres ne pouvaient plus s'ensemencer. Il fit passer M. le Chevalier de Callières en France, et mal à propos, puisqu'il était le seul qui tenait son gouvernement dans le devoir, et en qui nos sauvages alliés avaient beaucoup de confiance. Aussitôt qu'il fut parti, M. le Marquis de Vaudreuil resta commandant à Montréal, et permit à tous les habitants d'aller demeurer à leurs habitations.

Comme le gouvernement de Montréal était le théâtre de la guerre, M. le Gouverneur Général s'y rendait à la fonte des neiges et des glaces; on y faisait aussi tous les préparatifs. Les magasins bien fournis, quoique celui de Montréal brula au mois de Mars, qui appartenait à M. du Séminaire, d'où on ne put sauver que quelques quarts de lard.

M. le Marquis de Denonville y étant arrivé, il ordonna un camp volant de deux cents hommes, commandés par M. de Subereuse (Subercase), qu'il fit camper à Verduin, distant de deux lieues de Montréal, pour être à portée de donner du secours où il serait besoin.

1689.—Comme les ennemis ne faisaient aucun mouvement, que tout paraissait tranquille, chacun se flattait qu'ils étaient humiliés, et on les attendait pour venir demander la paix. Dans cette confiance, les officiers des postes éloignés, depuis le bout de l'île de Montréal jusqu'à Sorel, furent à Montréal faire leur cour à M. le Général. Dans ces intervalles, Louis Atarhea, de qui j'ai déjà parlé, qui était relégué de la mission, eut avis par quelques-uns des ennemis qu'ils faisaient un gros armement pour venir fondre sur la colonie ; il ne manqua pas d'en informer M. le Général, qui en conféra avec les jésuites, qui paraissaient les seuls de son conseil, qui lui dirent que Louis Atarhea était un mauvais génie, que l'on ne devait donner aucune créance à ce qu'il disait. Enfin arriva le 2 Août, que les principaux officiers des postes étaient à Montréal ; M. de Galifet se trouva commandant au camp de Verduin. A 4 heures du matin nous entendîmes tirer un coup de canon ; j'en fus avertir M. de Galifet, qui ordonna que les soldats fussent alertes ; à peine étaient-ils hors de leurs tentes qu'il passa un Canadien qui nous dit que toutes les habitations de la Chine étaient en feu ; nous prîmes les armes. Peu de temps après nous vîmes venir en fuyant quelques habitants que les Iroquois poursuivaient : je demandai vingt hommes pour aller au devant pour repousser les ennemis ; en effet je les arrêtai : mais le commandant m'envoya défendre de passer outre. Je me retranchai sur l'endroit, et nous fusillâmes quelque temps, presque hors de portée ; mais je voyais avec chagrin qu'une vingtaine d'Iroquois n'arrêtaient, et qu'à notre vue ils vidaient les maisons et s'en allaient chargés des nipes. Comme le coureur ne fut pas longtemps à se rendre à Montréal, il y fut assez tôt pour y répandre l'épouvante. On ferma les portes de la ville, craignant que l'ennemi ne la fit assiéger ; les officiers qui avaient quittés leurs postes, comme je l'ai dit ci-dessus, étaient fort empressés de s'y rendre, mais ceux qui étaient du haut de l'île, il ne leur était pas possible de passer. Enfin arriva M. de Subercase, qui, sans hésiter, nous fit marcher à l'ennemi ; à son détachement se joignirent environ cent volontaires, tous gens résolus à bien combattre. Etant arrivés à la Chine nous prîmes quelques soldats dans les trois forts ; enfin il nous semblait à tous que nous allions aux noces particulièrement, lorsque nous vîmes les maisons embrasées, plusieurs habitants attachés et brulés. Après avoir détaché le fort volant, M. de Subercase, comme les ennemis étaient retranchés à une demi-lieue plus haut, et qu'il fallait passer dans le bois, ce que nous avions appris par un chirurgien qui s'était sauvé de leur camp, fit marcher les volontaires sous les ailes. A peine avions nous entré dans le bois, que le cri se fit de la queue à l'avant, halte à la tête. M. de Subercase ne voulut point s'arrêter, courant au lieu de marcher, mais M. de Vaudreuil le joignit, qui lui dit qu'il avait ordre de M. le Marquis de Denonville de ne rien risquer, et qu'il fallait relâcher ; ils en vinrent aux gros mots, cependant il fallut obéir. Pendant cette halte, un officier et quelques soldats s'avancèrent dans le bois, et sur leur route trouvèrent trois Iroquois qui dormaient ivres ; ils les menèrent au camp. Cet exemple engagea M. de Subercase à insister à son premier dessein, qui tendait à la destruction entière de l'Iroquois, puisque toutes leurs forces étaient rassemblées dans leur camp, et que les trois-quarts étaient morts-ivres des eaux de vie qu'ils avaient prises chez les habitants, ainsi que nous l'apprîmes la nuit suivante par un habitant qui se sauva. Pour conclusion, nous relachâmes au fort volant pour observer la contenance de l'ennemi, qui passèrent la nuit sans sentinelle, comme il leur est ordinaire. Le soir, on s'aperçut qu'il n'y avait presque pas de poudre au fort ; je fus détaché la nuit en canot pour en aller chercher deux barils au Fort Cuillerier.

Le lendemain on était en attention si l'ennemi ferait quelque mouvement. Vers les dix heures nous les vîmes doubler au large de l'île de la Présentation, parce qu'au dedans il y avait un fort qui était très bien gardé, et où trois Iroquois furent tués ; ils se laissaient dériver dans leurs canots, et vinrent atterrer à un demi-quart de lieue du fort.

Quelque temps après ils commencèrent à défiler par pelotons à travers le désert, hors la portée du mousquet. On ne connaissait rien à leur dessein, puisqu'ils n'attaquent jamais des forts, et je crois qu'il n'en avaient point d'autres que pour nous braver, de quoi la plupart de nos troupes gémissait, puisque dans d'autres temps quatre cents hommes les auraient tous mis en fuite ; il n'y avait même qu'à les couper lorsqu'ils furent divisés, et aller rompre leur canots, puisque pour lors nous étions environ 500 hommes dans le fort et qu'il n'y avait pas cent hommes a garder les canots. Cela nous prouve que la main de Dieu était appesantie. Comme nous étions dans l'inaction chacun murmurait, et nous voyions, à notre honte, qu'un seul habitant avait défendu sa maison, ce qui détermina M. de Subercase à demander cent volontaires pour faire une sortie, ce qui lui fut accordé. Comme on était pressés à sortir, M. de St. Jean, plus ancien que lui, dit que c'était à lui à marcher ; après la décision en sa faveur, nous sortîmes pour gagner l'abri des masures d'une maison incendiée. En y allant, les ennemis qui étaient embusqués dans un petit bois nous fusillèrent, et nous de même sur eux, et tout cela coups perdus, puisque chacun était à l'abri. Comme nous étions dans cette action, j'aperçut un gros parti de Français et sauvages qui partaient du Fort Rémy pour nous venir joindre. J'en averti M. de St. Jean, et lui fit envisager que les ennemis pourraient les couper et les tailler en pièce, et lui montrai qu'à la faveur de l'écart de la rivière nous pouvions nous joindre sans beaucoup risquer ; il me dit qu'il n'avait pas ordre d'aller plus loin. Ce détachement était de 50 hommes Français et trente sauvages, nos alliés, commandés par le Sieur Delarabere (Rabeyre ?), lieutenant, et le Sieur Caron de Longueuil, à présent gouverneur des Trois Rivières, son second, et trois autres officiers. Comme ils marchaient dans le grand chemin, lorsqu'ils furent à deux grandes portées de mousquets de nous, les ennemis les investirent. Il n'y eut que nos sauvages qui presque tous s'y firent tuer ; le baron de Longueuil y eut le bras cassé, quatre de nos sauvages l'emportèrent au Fort Rémy, où quelques-uns des meilleurs coureurs se sauvèrent ; tout le reste furent pris prisonniers, et ensuite plus de la moitié brulés ; il y eut environ vingt de nos sauvages brulés, à qui les Iroquois levèrent la chevelure. En voilà assez pour grossir l'orgueil des ennemis, aussi se retirèrent-ils sans aucune embuche, et il ne se passait presque pas de jours qu'ils ne fissent bruler quelques Français, pendant leur route. Ils réservèrent Larabere (La Rabeyre ?) pour en donner le spectacle au village, où il fut brulé à petit feu ; le Sieur St. Pierre Denis de même : Villedonné et Laplante furent conservés, et par la suite se sont sauvés de leurs mains. Le corps des troupes Iroquoises n'était pas à moitié chemin de leur pays qu'il s'en détacha presque la moitié en différentes parties, qui investirent tout le reste du gouvernement, suivant la prédiction de Louis Atariata.

Par le chirurgien qui s'était sauvé du camp des ennemis, qu'ils avaient pris au Fort Frontenac, nous apprîmes que les Iroquois furent au fort dire à M. de Vallerenne qu'ils venaient à Montréal pour faire la paix, mais qu'ils avaient quelques malades, qu'ils le priaient de leur prêter son chirurgien et aussi le père Millet, qui disposa le commandant à leur accorder cette grâce ; Mlle Dalonne, qui pour lors était au fort, voulut être de la partie. Ainsi ils furent tous les trois au camp des ennemis pour ne plus retourner au fort. Ils amenèrent le chirurgien à l'expédition de la Chine, d'où il se sauva, comme je l'ai ci-devant dit, envoyèrent le père Millet et la demoiselle Dalonne à leurs villages, après les avoir très maltraités. Pour le chirurgien ils en eurent grand soin, sous la croyance qu'ils en auraient besoin. Comme il y avait un parti d'ennemis derrière la Pointe-aux-Trembles, les habitants proposèrent de les aller combattre, et prirent M. de Colombes, officier, pour les commander. Ils eurent le malheur d'être surpris, la plupart pris, et le Sieur de Colombes tué avec trois ou quatre habitants.

Le reste de l'automne se passa à courir par détachement de poste en poste, et comme il y avait nombre de voyageurs à Montréal, on créa une compagnie de cent hommes de ces gens là que l'on appelait mousquetaires, avec une solde de 7½ sols par jour. Il y avait brigadiers et sous-brigadiers, et M. le Marquis de Vaudreuil en était le commandant. Il semblait que sous ce nom les ennemis n'oseraient jamais paraître. Il y en eut un qui insulta un des premiers capitaines, qui fut mis en prison ; tout le corps des mousquetaires menaça de prendre les armes pour forcer la prison : le gouverneur fit élargir le prisonnier. Aussi dès qu'il y avait quelque signal que les ennemis eussent paru quelque part, le corps des mousquetaires partait, mais marchait si lentement ou avec si peu de bonheur qu'ils n'ont jamais pu rencontrer l'ennemi ; il semblait qu'ils fussent d'intelligence. Comme on se défiait de ses forces, M. le Marquis de Denonville envoya à travers le bois le Sieur Pierre de Repentigny pour porter les ordres à Monsieur de Vallerenne de faire sauter par la poudre le Fort Frontenac ; il y a arrivé assez tôt pour faire effectuer les ordres, car peu de jours après son départ arriva Monsieur le Comte de Frontenac qui venait relever Monsieur le Marquis de Denonville, qui, dès qu'il apprit les ordres d'abandonner le fort, dépêcha des ordres contraires, mais l'expédition était faite, ces derniers ayant trouvé Monsieur de Vallerenne et la garnison en chemin.

Le Fort Frontenac était et est encore à quatre bastions. Dans deux des bastions, il y avait à chacun une tour voûtée pour servir de magasin ; tout ce qui ne put pas se mettre dans les bateaux pour être transporté à Montréal fut mis dans les tours, auxquelles on mit toutes les poudres avec des mèches pour prendre en feu dans un espace de temps, et auparavant de partir on coula à fond les trois barques qui étaient au port, et ensuite s'embarquèrent. Lorsqu'ils furent à une lieue, ils entendirent l'effet des poudres, mais il n'y en eut qu'une qui prit en feu, l'autre se conserva. Il y avait des ennemis qui n'étaient pas loin, qui y vinrent au bruit, et trouvèrent le fort abandonné et un bon magasin d'armes et de munitions de bouche et de guerre dans la redoute qui n'avait point sauté.

J'ai déjà dit que l'on avait envoyé quarante et quelques Iroquois aux galères ; ils y périrent tous excepté trois, que M. de Frontenac ramena, l'un desquels, qui s'appelait Harchouara (Orehaoué ?), chef, nous a beaucoup servi pour parvenir à la paix, auquel on a donné jusqu'à sa mort la paie de capitaine.

Monsieur le Chevalier de Callières revint avec M. de Frontenac, qui trouva son gouvernement bien dérangé. Il commença par ordonner une nouvelle enceinte à la ville de gros pieux de cèdre portant quinze pieds hors de terre.

Monsieur de Frontenac n'eut point d'autre attention que de faire la paix, aussi fit-il partir Harchaouaré ? avec des colliers pour inviter les Iroquois à venir voir leur ancien père qui venait pour leur donner à teter ; voilà les termes. La négociation d'Harchaouaré n'eut point de lieu.

1690.—Enfin M. de Frontenac envoya le Sieur Chevalier d'Eau, lieutenant, en ambassade, menant avec lui le Sieur La Chauvignerie, le fils de Bouat, le Sieur La Beaussière, et l'interprête Collin. Les colliers présentés, on n'y fit point d'attention. On voulut mettre l'ambassadeur au poteau pour le bruler ; les Flamands l'enlevèrent et l'enmenèrent à Orange ; La Chauvignerie fut donné aux Anoyos (Onneious ?) ; La Beaussière et Collin furent brulés ; et le fils de Bouat mourut de la petite vérolle. Voilà leur destinée. L'Iroquois disant qu'il ne connaîssait plus de père parmi les Français, puisque l'on les avait mis à la chaudière, et des plus belles envoyèrent des partis sur toutes les habitations, qui nous tenaient resserrés dans les forts.

La conduite des Iroquois fut très sensible à M. de Frontenac, qui s'était flatté de fléchir ces nations. Il ne se rebutta pas, car souvent on prenait de ces gens là, qu'il renvoyait avec des présents et beaucoup de courtoisie, de quoi ils abusaient tout à fait, ne faisant point de quartier à tous les Français qu'ils prenaient.

Comme les voyageurs avaient intérêt de monter aux Outaouais pour leur commerce, il en partit un convoi escorté par un détachement des troupes, commandés par le Sieur de la Gemeray (Jemeraye?), où s'était joint un nombre de sauvages de Temiscaming. Lorsqu'ils furent au long sault, un parti d'Iroquois les surprit, et fit plusieurs prisonniers Français. Le Sieur de la Gemeraye se cacha dans l'eau à l'abri d'un buisson, et les sauvages se sauvèrent de l'autre bord, qui, le lendemain, trouvèrent le Sieur de la Gemeraye, qu'ils ramenèrent à l'île de Montréal. Enfin toutes les issues étaient gardées, et toutes les côtes investies; on faisait tous les jours à Montréal de gros détachements. M. Duplessy, qui avait un fusil à cinq coups, n'avait jamais pu les approcher. Comme on avait mis dans tous les forts un canon à chacun pour donner les signaux, il n'y avait point de jour que l'on ne l'entendit, soit à la Chenaye ou ailleurs, où les mousquetaires couraient sans rien trouver.

Comme, pour lors, le gouverneur général tenait pendant tout l'été son siège à Montréal, il n'en partit qu'après les récoltes. Etant à une demi-lieue de cette ville, il rencontra un canot envoyé par M. Prevot, commandant à Québec, qui lui donnait avis qu'il y avait une flotte Anglaise auprès de Québec. A cet avis, M. de Frontenac envoya un exprès à M. de Callières pour qu'il descendit incessamment avec toutes les troupes et milices. L'ordre fut bientot suivi, car du même jour tous les officiers des quartiers eurent ordre de se rendre le lendemain à Boucherville avec toutes les vivres qu'ils pourraient trouver, les magasins du Roi étant vides. Le lendemain au soir, malgré la pluie, les ordres furent exécutés, et nous en partîmes la nuit. Le troisième jour nous arrivâmes au Cap Rouge, où nous apprîmes que la dite flotte était devant Québec. Nous laissâmes en ce lieu nos bateaux et fûmes à Québec par terre, où nous arrivâmes à nuit close. Comme il n'y avait ordinairement que deux tambours, il s'en trouva plus de vingt, ce qui fit dire au Sieur de Grandville, qui était prisonnier à bord du Commandant, que M. de Callières avec les troupes était arrivé. Nous apprîmes en arrivant que le Gènéral Filipe (Phipps?) avait fait sommer M. le Comte de Frontenac de lui livrer la place, à quoi l'envoyé ajouta, tirant la montre de sa poche, qu'il ne lui donnait qu'une heure. Monsieur de Frontenac lui dit que quand il serait assez lâche de vouloir acquiescer à sa demande; qu'il y avait de trop braves officiers pour s'y opposer, qu'il n'avait qu'à dire à son général qu'il n'avait point d'autre réponse à lui faire que par la bouche de ses canons. Pendant ce temps et auparavant on avait et on disposait des retrenchements et batteries pour se bien défendre. Ce qu'il y avait de facheux, c'est qu'il n'y avait que très peu de vivres ; faute de pain la plupart mangeaient de la viande, qui n'était pas rare, puisque l'on fit entrer dans la ville nombre de bestiaux.

Le lendemain les ennemis ne firent point de mouvement que d'envoyer un petit batiment vers la petite rivière, où il s'échoua. Nous y courûmes à marée basse pour l'enlever, mais il était bien défendu, et de son bord, et de la flotte, qui canonnait sans relâche.

Le surlendemain, à marée basse, nous vîmes nombre de chaloupes qui partaient de la flotte pour mettre à terre à Beauport. Les volontaires de Montréal, commandés par le Sieur de St. Helaine, y accoururent pour joindre les habitants de Beauport et Beaupré, ce qu'ils ne purent faire ; mais ces derniers qui étaient en embuscade avec quelques-uns de Montréal qui les avaient joint, firent deux décharges dans leurs batallions (Anglais?), qui ne les ralentit point du tout. Nous y eûmes un officier et deux Canadiens tués. Comme l'ennemi gagnait les hauteurs, le Sieur de St. Helaine, avec son détachement, les arrêta, parce qu'il s'était retranché derrière des maisons, ce qui les fit détourner sur la gauche, et se campèrent hors la portée du fusil ; après eux marchaient sept pièces de campagne, qui ne leur servirent de rien que pour les abandonner par la suite. Leur descente faite, deux vaisseaux se détachèrent pour venir devant la ville, qui furent s'embosser vis-à-vis les plates-formes, où nous avions des canons de 36 et de 18. Le Sieur de St. Helaine qui avait disposé une de ces batteries y accourut. Aux approches des vaisseaux, les batteries d'en haut les avaient déjà incommodés, mais lorsqu'ils furent embossés ils n'y pouvaient presque plus plonger ; mais les gros canons, quoiqu'il n'y en eut que six pièces, dont une créva, les incommoda si fort que deux heures après ils filèrent leurs cables et se mirent plus au large, d'où ils canonnèrent une partie de la nuit et un peu le lendemain, après avoir été très endommagés du canon de la ville. Un baton de pavillon étant tombé à l'eau, ils voulurent s'approcher de la côte de Lauzon et à l'anse des mers, mais les Canadiens y étant en embuscade les contraignirent de retourner à la rade, sans avoir fait pour dix écus de dommage à la basse-ville, ni personne tué ni blessé, qu'un écolier, à qui un boulet qui frappa au clocher, tomba sur sa tête, qui le tua.

A l'égard des bataillons qui avaient fait descente, le troisième jour, voulant s'approcher de la petite rivière, M. de Frontenac, à la tête des troupes, se campa vis-à-vis, pendant que notre camp volant les harcelait nuit et jour, où le Sieur de St. Helaine, après avoir quitté sa batterie fut joindre son parti, où il eut la cuisse cassée d'un coup de mousquet, et mourut quelques jours après ; nous y eûmes aussi quelques Canadiens légèrement blessés.

Comme nos camps volants étaient souvent rafraîchis, les ennemis ne pouvaient prendre aucun repos. Le cinquième jour au matin, comme les gens de Beauport approchaient du camp des ennemis, ils n'y trouvèrent que les sept pièces de canon qu'ils y avaient abandonnées, qu'ils amenèrent à Beauport.

Les vaisseaux qui avaient canonné sur la ville étant retournés joindre leur flotte, où ils furent tranquilles huit jours; et comme on appréhendait qu'ils ne fissent une descente à l'Ile d'Orléans, quoique les habitants y fussent en garde, M. de Frontenac y envoya un détachement de deux cents hommes, commandés par M. de Subercase. En traversant en bateau, nous passâmes à une portée de mousquet de la flotte, sans qu'ils nous fissent aucune insulte. Nous ne fûmes pas plutôt à l'île que les pluies se débordèrent et continuèrent quatre jours; les ennemis étant toujours à la mer. Le cinquième jour, nous vîmes un mouvement de chaloupes qui allaient des bords des ennemis à la Pointe de Lévy, ou le Sieur de Lavallière, capitaine des gardes de M. de Frontenac, s'était rendu avec un nombre de prisonniers Anglais qu'il y avait amenés pour faire les échanges du Sieur de Grandville et autres Français prisonniers. Les échanges finies, les ennemis commencèrent à défiler le long de l'île, hors la portée de nos fusils, où ils demeurèrent deux jours. Pendant ce temps là le détachement resta au bivouac; à la vérité, le jour on laissait dormir une partie des soldats, et pour les faire subsister, les vivres nous ayant manqué, et les habitants de cette côte ayant vidé leur maisons, il nous fallut tuer des bœufs, que l'on fit payer aux propriétaires par le Roi. Le septième jour de notre séjour à l'île, les ennemis étant par le travers de la paroisse St. Jean, demandèrent permission à M. de Subercase d'acheter quelques rafraichissements, lequel leur accorda. Les habitants leur en ayant amené à leur bord, qui furent bien payés; après quoi la flotte leva l'ancre pour s'en retourner.

Comme nous eûmes avis que nos vaisseaux, au nombre de trois, sur lesquels étaient chargés les fonds des troupes et les effets du Roi, étaient en rivière, on fit partir un gros détachement de troupes et milice, lesquels, avant que les ennemis fussent descendus, joignirent les vaisseaux aux Bergeronnes, où ils prirent la résolution de faire entrer les trois vaisseaux dans le Saguenay, à l'abri d'un cap qui s'appelle la Boulle, où il y a une petite anse de sable, où l'on enfouit quatre ou cinq cent mille livres d'espèces, étant défendues par une batterie de canon que l'on avait mise à terre. Lorsque les ennemis furent vis-à-vis le Saguenay, se défiant que nos vaisseaux étaient dedans, ils firent tous leurs efforts pour y entrer, mais les courants et les vents les en empêchèrent; ainsi ils continuèrent à sortir du fleuve. Deux jours après nos vaisseaux sortirent; le vent nord-est qui leur fut favorable pour se rendre à Québec, qui fut tout à fait contraire aux ennemis. Autant que l'on en a pu juger par les débris, plus de la moitié périt dans la rivière, et peu se sont pu rendre à Boston.

A remarquer que comme les ennemis montaient le fleuve pour se rendre à Québec, où ils s'étaient flattés de mettre à terre sans opposition, lorsqu'ils furent aux premières habitations ils crurent qu'il n'y avait qu'à débarquer et se mettre à table; ils furent surpris que pour la première entrée on leur servit une salve de coups de fusils. A la Rivière Ouelle, le Sieur de Francheville, curé, prit un capot bleu, un tapebord en tête,* un fusil en bon état, se mit à la tête de ses paroissiens, firent plusieurs décharges sur les chaloupes, qui furent contraintes de se retirer au large avec perte, sans avoir blessé un Français.

Nos trois vaisseaux étant arrivés à Québec, on ne songeait plus qu'à rendre grâce à Dieu par des prières publiques, et à se divertir. M. le Marquis de Vaudreuil et M. de Ramezay se marièrent; enfin les trois-quarts du temps se passèrent en réjouissances.†

Comme nous étions bien avant dans Octobre, et que les vivres étaient rares à Québec, les habitants n'ayant pas

---

* Tapabor, bonnet de campagne dont les bords se rabattent pour garantir des mauvais temps.—(*Dictionnaire de l'Acad.*)

† Il est à croire qu'il épousa une Canadienne. Si je me souviens bien, M. de Montcalm parlait plus tard assez dédaigneusement de la famille du Gouverneur.—(*Note en marge du Manuscript.*)

encore battu de blé, on fit partir les troupes destinées pour le Montréal, où était le théâtre de la guerre des Iroquois. Ils n'étaient pas au quart du chemin qu'il leur fallut abandonner leurs bateaux, le temps étant venu si neigeux et si froid que la rivière était aussi garnie de glaces qu'au plus fort de l'hiver, ce qui contraignit les troupes d'aller à Montréal sur les glaces et neiges, et les trois vaisseaux qui étaient en rade contraints de filer leurs cables, et de s'échouer au cul de sac et à l'Avenue Beaudoin. En peu de jours la rivière fut glacée pour pouvoir aller à Beauport dessus; le mauvais temps fit que l'on désagréa les vaisseaux, ne voyant point d'apparence de les pouvoir renvoyer en France. Arrivant le 15 Novembre, le temps se tempéra et se mit au beau; les glaces se dissipèrent, du moins dans le chenail. M. de Callières qui n'était pas encore parti pour le Montréal, se disposait d'y monter sur des traînes tirées par des chiens, mais le temps vint si favorable que nous partîmes de Québec en canot d'écorce le 22 Novembre, et arrivâmes à Montréal le 28 du même mois, ayant fait garnir les dedans de nos canots avec des peaux de veau crues pour les garantir des glaces.

Cette disposition de temps invita M. de Frontenac à faire partir un des trois vaisseaux pour porter les nouvelles en France. L'ordre fut donné au Sieur Darisenery, commandant la frégate *La Fleur de Mai*, qui partit de devant Québec le 28 Novembre, et se rendit en peu de temps à La Rochelle.

Notez qu'un de nos vaisseaux venant de la Baie de Husson (Hudson,) allant à Québec pour y débarquer le Sieur de Maricourt et autres Canadiens, arrivant vers l'Ile aux Coudres apprit que les Anglais étaient devant la ville, ce qui le détermina, après avoir mis ses passagers à terre, de faire sa route en France, où il informa la Cour du siége des Anglais devant Québec.

1691.—Juin.—L'hiver de 91 il y eut un parti de Canadiens qui fut faire quelques prisonniers sur les côtes de Boston, et

M. de Frontenac, pour animer nos sauvages alliés à ne point se réconcilier avec l'Anglais, leur promit dix écus par chaque chevelure qu'ils apporteraient, ce qui faisait que nous avions toujours des partis en campagne, et souvent des chevelures, de qui nous pouvions rien apprendre. Ainsi dans la suite on changea cet ordre, c'est à dire que les chevelures furent mises à bas prix, mais que pour chaque prisonnier on donnait vingt écus, c'est à dire de ceux qui seraient pris autour de Boston ou d'Orange, et pour ceux de la campagne dix écus, et tout cela afin de pouvoir savoir des nouvelles certaines.

Comme M. le Comte de Frontenac se fiait entièrement sur M. de Callières, il ne faisait pas grand séjour à Montréal, et il n'y monta point cette année. A peine les semences furent commencées que les ennemis parurent aux côtes de Montréal. M. de Callières envoya un gros détachement à l'Ile Jésus et la Chesnaye; un autre aux côtes du sud. Comme on les relevait de temps en temps, ce fut à M. Demine (Demuy ?) et à M. le Chevalier de Crisafy à marcher. M. Demine me fit major de son détachement, qui était de cent soldats; les deux capitaines me firent l'honneur de me rendre maître de la marche, par les connaissances que j'avais de toutes les avenues; et d'aillenrs, quoique nous n'eussions pas de fusil à cinq coups, nous n'avions pas moins d'empressement à trouver l'ennemi, ce qui n'était pas bien difficile, puisqu'il y en avait dans presque toutes les côtes, mais il fallait jouer de ruse; pour y réussir, il fallait se cacher et faire les approches comme sur une bête féroce.

Dans ce temps là on ne voyageait de Montréal à Québec et à Chambly guère qu'en barques ou en brigantins, construits exprès. Pour lors il y en avait un qui venait de Chambly, commandé par M. de Vallerenne: comme il passait par notre travers à Repentigny, et que nous étions au Cap St. Michel, je fus lui demander des nouvelles, qui me dit que passant devant St. Ours et Contrecœur, qu'il avait vu toutes les maisons en feu, que nous n'avions qu'à prendre nos mesures là-dessus. J'en fus informer mon commandant, qui consentit, par les connaissances que j'avais, que nous irions la nuit nous emparer d'un fort abandonné, qui était sur le passage des ennemis, ce qui fut effectué. Nous y passâmes toute la nuit et la journée suivante sans rien voir, ce qui me donna l'envie d'aller à la découverte la nuit suivante ; je partis à nuit close avec 7 soldats, avec un canot d'écorce. A peine eûmes nous fait une demi lieue que treize canots ennemis voulurent m'investir ; les soldats, sur qui j'avais le plus compté, furent démontés. Comme nous étions hors de la portée du fusil, après avoir rassuré mes gens, qui, malgré moi, voulaient gagner terre, je leur fit prendre le fil de l'eau, et sept hommes vigoureux qui ont peur, lorsqu'ils sont un peu rassurés, en valent quatorze, si vrai, qu'en un moment nous perdîmes l'ennemi de vue ; à la vérité, je m'éloigne de mon détachement. Je fus aborder au fort de Contrecœur, où le Sieur de Bourchemain commandait sept soldats et sept habitants, qui n'avaient point de pain, et je n'en avait pas non plus. Comme je me déterminais à repartir, le chenail étant bien large pour dérober ma marche, nous apperçûmes, à la lueur des étoiles, les canots qui m'avaient poursuivi, à la portée d'un boucanier de terre. Comme je n'écris ceci que pour rapporter tous les faits, je n'en puis changer la nature sur ce qui me regarde. Les ennemis étant si près, je ne pouvais sortit sans être vu, et lorsqu'ils disparurent, je ne pouvais découvrir la route qu'ils faisaient, ainsi il fallut malgré moi coucher au fort ; et je priai le commandant de faire tirer un coup de canon, qui était le signal que j'avais donné à M. Demine, en cas que je fusse coupé par les ennemis. Le Sieur de Bourchemain me raconta que sept jeunes enfants, garçons et filles, gardant les bestiaux à la vue du fort, avaient été pris et enmenés par les ennemis, et que deux soldats qui allaient à St. Ours auraient été pris de même, puisqu'ils passaient dans le même bois ; ce qui fut vrai, car le lendemain, à la pointe du jour, je fus à St. Ours, où l'on me dit qu'ils ne s'étaient point rendus.

Après avoir appris de M. de Saint Ours tous les dégats que les ennemis avaient faits sur sa seigneurie pendant huit jours, et que la nuit précédente, le nommé Dolon ayant traversé à sa terre, lorsqu'il voulut s'en retourner, il vit un si grand nombre de canots, qui contenaient autant d'espace que la grandeur d'une île qui était devant. Effectivement, je donnai créance à ce qu'il me dit, en ce que, avant de partir de Montréal, M. de Callières m'avait dit avoir reçu avis qu'un gros nombre d'Anglais se devait joindre à l'Iroquois pour venir faire des incursions le long du fleuve. Après toutes ces connaissances, je retournai à Contrecœur, où il n'y a qu'une lieue de distance, afin de me disposer à quelque prix que ce fut d'aller joindre le détachement. Y étant rendu, j'étais fort embarrassé sur la route que je devais prendre, ayant près de quatre lieues à faire; enfin, un petit vent nord-est qui se leva me détermina, faute de voile, de faire assembler deux des couvertes des soldats pour en faire, afin qu'à la faveur du vent et de nos fusils nous puissions tenir le milieu du chenail, qui est hors de portée du mousquet. Tout étant ainsi disposé, je vis paraitre une barque à la voile, à deux lieues au nord à nous, ce qui me fit prendre le parti de l'aller attendre en sa route pour m'embarquer dedans. Cette résolution prise, les sept habitants me proposèrent, en attendant la barque, d'aller ensemble à l'île de la Valtrye, y charger mon canot et leur pirogue de viande de bœufs que les ennemis y avaient tués. La chose conclue, comme nous faisions la traverse, le vent devint si fort que les habitants furent obligés de relâcher. Comme j'avais un bon canot d'écorce, je résistai, et j'abordai la barque, quoique, pendant l'approche, le Capitaine Loyseau me prit pour des ennemis. Etant entré dans la barque, et voyant que le vent parraissait être de durée, [en doublant l'île de la Valtrye nous vîmes les ennemis qui étaient aux maisons, sans en pouvoir distinguer le nombre,*] sur quoi j'écrivis à M. de Callières, et lui fit un détail de ce que j'avais appris à St. Ours et à Contrecœur, et le reste, et de la

* Les mots enfermés sont une note mise à la marge dans l'original.

manière que M. Demine était posté pour surprendre les ennemis. Le vent continuant bon, frais, la barque fut bientôt au bas de Repentigny, par le travers du fort, où était M. Demine. Quoique la rivière fut extrêmement agitée du vent, je débarquai, et la barque continua sa route, qui arriva à Montréal peu après midi, et moi je mis à terre, où M. Demine me vint embrasser la larme à l'œil, tant par la crainte que je n'eusse été pris que par le contretemps qui lui était arrivé le matin, et voici comme ils me le racontèrent: Pour tâcher de découvrir l'ennemi de loin, les déserts ayant une grande étendue, on avait mis une sentinelle sur le haut d'une maison, à côté d'une cheminée, qui, dès le petit matin, découvrit deux Iroquois qui allaient au fort à pas de découvreurs. Le commandant donna ses ordres pour que chacun fut à son poste, au lieu de suivre le projet qui avait été établi avant mon départ, à savoir, de tenir trente hommes des plus alertes, afin que si quelques ennemis approchaient du fort ils fussent prêts à sortir pour leur couper chemin, attendu qu'il y avait des brêches tout autour du fort pour pouvoir sortir. Enfin, ils s'en vinrent à observer le mouvement de ces deux découvreurs, qui, à une petite distance du fort, descendirent sur la grève, et, à l'abri du côteau, arrivèrent vis-à-vis la porte du fort, où ils s'acheminèrent, à la vue de tous ceux qui étaient dans le bastion et le long de la courtine, et en approchèrent à dix pas, sans que l'on fit aucun mouvement. M. Demine, qui, avec son valet, était derrière la porte, son fusil en joue, tira sur le premier, et son valet de même, apparemment sans le frapper, puisqu'il se sauva à toutes jambes, laissant seulement tomber une peau de chevreuil qui lui servait de couverte; le deuxième, en courant, tira son coup de fusil sans viser pardessus son épaule, et se tirèrent ainsi d'affaires. Je tâchai de consoler M. Demine, en lui disant que nous trouverions moyen de réparer cette affaire, et lui racontai tout ce qui m'était arrivé, ce que j'avais appris dans les autres postes et vu dans la route, de quoi je lui dis que j'avais donné avis à M. de Callières par l'occasion de la barque. Comme j'ai déjà dit qu'il m'avait laissé le maître de la marche, je leur dis que puisque nous étions découverts dans cet endroit, outre qu'ils pouvaient m'avoir vu débarquer, nous n'avions pas d'autre parti à prendre que de faire semblant de nous en retourner à Montréal, et que la nuit suivante nous tâcherions de les surprendre ; mon opinion fut suivie. Ainsi nous relachâmes à l'île de Montréal, en tenant le large du chenail, pour être vus des ennemis, et à demi relevée je proposai aux deux capitaines d'aller à la Pointe aux Trembles, où commandait M. de St. Jean. Vers soleil couché, comme nous nous embarquions pour retourner à notre détachement, je vis approcher un coureur, que M. de St. Jean nous dit être de ses soldats, qui venait de Montréal ; je l'attendis pour savoir si la barque était rendue : il me dit qu'elle arrivait comme il partait de la ville, et qu'étant hors du faubourg il avait entendu battre la générale ; cela me fit croire qu'un autre détachement nous viendrait joindre, ce qui arriva en effet, qui, sans ma fermeté, nous aurait fait manquer notre coup. Vers onze heures du soir nous arriva un canot, qui porta des ordres à M. Demine de la part de M. de Vaudreuil de se rendre au fort de Repentigny, où nous fûmes bientôt rendus, et y trouvâmes M. de Vaudreuil, avec environ soixante-dix Canadiens et quarante sauvages, du nombre desquels était Harchaoué (Oréaoué ?) Le commandant ayant changé, je n'avais plus d'accès au conseil. Dès le petit matin on fit partir deux Canadiens et deux sauvages pour faire la découverte ; ils furent de retour à neuf heures. Ayant fait leur rapport au commandant, l'ordre fut donné que nous prendrions chacun des vivres pour huit jours, pour suivre l'ennemi qui se retirait à travers le bois. Comme chacun faisait son paquet, je rencontrai par hasard un des Canadiens découvreurs, que j'interrogeai sur le nombre des ennemis qui avaient passé sur la route où ils avaient été ; il me dit nettement qu'il était trop difficile de le connaître, parce que les pistes étaient effacées depuis trois jours qu'il avait plu. Cette réponse me fit sortir hors des gonds, et pensai perdre le respect envers M. Demine, et lui dis que ce dernier mouvement ne s'était fait que sur les avis que j'avais donnés à M. de Callières, qu'absolument l'ennemi était encore en bas au nombre de soixante, et que je ne manquerais pas d'informer M. de Callières des représentations que je lui faisais. Pendant ce temps là, on se disposait à partir pour suivre le premier dessein. M. Demine fut trouver M. de Vaudreuil, à qui il raconta ce que je lui avais dit ; M. de Vaudreuil m'envoya chercher. Lorsque je fus avec lui, il me demanda qu'est-ce que j'avais dit à M. Demine ; je lui dis que ses découvreurs le trompaient, mais que je l'assurais que les ennemis étaient encore là-bas, n'y ayant pas encore vingt-quatre heures que je les avais laissés à six lieues du lieu que ses découvreurs avançaient qu'il y avait trois jours qu'ils avaient passé, et que si je n'accusais pas juste, qu'il n'avait qu'à me faire mon procès, ou que s'il voulait me confier 50 hommes, que nous verrions qui le premier trouverait l'ennemi. On fut quelque temps sans délibérer ; à la fin, il se détermina à suivre mon opinion, et donna ordre, comme la nuit s'approchait, que chacun s'embarquât en canot au lieu d'aller par terre. L'interprète fut avertir nos sauvages, qui ne voulurent pas marcher, disant que nous fuyions l'ennemi ; il n'y eut qu'Archaoué qui s'embarqua, les autres restèrent au fort. En partant, à nuit close, on fit partir un canot devant pour faire la découverte. Nous n'avions fait que trois-quarts de lieue, que les découvreurs vinrent au-devant de nous dire que les ennemis étaient campés à une demi lieue plus bas. On avertit de voix en voix basse de nager doucement vers les îles Bouchard, pour donner le temps aux ennemis de s'endormir, ces gens là ne font jamais de garde, d'autant plus qu'ils se croyaient maîtres de la campagne. Vers une heure après minuit, nous traversâmes un gros quart de lieue plus bas que l'endroit où étaient les ennemis ; on laissa deux hommes dans chaque canot, le reste par terre. Comme il y avait des Canadiens qui avaient un peu trop bu d'eau de vie, ils s'en furent droit à la maison où étaient les ennemis ; il y en avait une partie qui étaient couchés sur de la paille devant la porte. On fit grand bruit en les assommant, et on commença à fusiller. Ceux qui étaient dans la maison se mirent à crier *Osquenon*, qui veut dire la paix. Notre interprète leur cria qu'il n'y avait pas de paix. Cependant il y en avait qui tendaient les bras par la fenêtre, M. le Chevalier de Crisafy en tira deux, et on les lia ; les autres qui voyaient que l'on continuait de les fusiller par la porte et les fenêtres, se mirent à crier *Sadreyo*, ça veut dire " battons nous." M. de Vaudreuil qui était au pignon du nord-est de la maison, et le vent était sud-ouest, fit allumer le feu, et on le mit à la couverture, qui était de la paille, qui éclairait autour de la maison autant que le jour, ce qui fut cause qu'ils nous tuèrent sept hommes en un moment, et en blessèrent d'autres, et par les bonnes règles nous n'en devions pas perdre un. Les ennemis, à ce que nous avons appris par la suite, étaient quarante, desquels il ne s'en sauva qu'un, après avoir essuyé quelques coups de fusil. L'expédition faite, chacun suivit le commandant pour s'embarquer. Je représentai à M. Demine que ce n'était pas là tous les ennemis que j'avais vu, qu'il fallait aller dresser une embuscade un peu plus bas, que nous déferions le reste. Le commandant était déjà embarqué, ainsi tout ce que je disait fut rejété ; c'était sauve qui peut, comme si nous avions été battus, de manière que je restai sans ordre pour faire embarquer les morts dans les canots de troupes. Je n'étais pas encore parti que le commandant était hors de la portée de la vue, et j'avais lieu de craindre que le reste des ennemis ne vint m'attaquer, mais par bonheur ils étaient un peu plus loin que je les croyais ; ainsi j'étais presque rendu au fort lorsque environ quarante ennemis, qui avaient couru au bruit des fusils, arrivèrent où l'on avait défait leurs camarades ; tout cela remarqué par les habitants et garnison du Cap Saint Michel, qui est vis-à-vis, et si près que l'on entendait le hurlement des ennemis. Lorsque nous fûmes arrivés au fort, les sauvages qui y avaient resté furent si honteux qu'ils n'osaient paraître, étant cachés dans leurs couvertes. Comme on destina un des prisonniers à être brulé en ce fort, nos Canadiens dirent aux sauvages qui avaient restés: "Vous qui êtes des femmes, venez bruler un prisonnier," mais ils n'osèrent en approcher. Les trois autres prisonniers furent dispersés: un pour bruler à la Boucherville, un à la Pointe aux Trembles, et le troisième à Montréal, mais comme celui-ci était jeune, on lui donna la vie. Avant que nous fussions partis de Repentigny, la nouvelle était à Montréal que nous avions été battus, parce que notre mousqueterie s'était fait entendre jusqu'à la Pointe aux Trembles, et chacun tirait des conséquences, d'autant que, depuis la guerre, c'était le premier échec que l'ennemi eut reçu, aussi par la suite allait-il un peu plus bride en main.

Comme on m'attribuait la réussite de cette défaite, j'en fus fort gracieusé de mes supérieurs, et fait lieutenant reformé.

Lorsque M. de Vaudreuil arriva à Repentigny, avant le coup, il envoya deux compagnies pour se saisir du passage des ennemis dans la rivière de l'Assomption. Dès qu'ils apprirent la défaite de ce parti, ils quittèrent le poste par ordre, que, si cependant ils avaient resté, ils auraient pu rencontrer les derniers.

Comme on ne pouvait ensemencer les terres à cause des ennemis, le pain était rare et cher, quoique l'on avait pris la précaution de faire venir quantité de farine de France, que l'on envoyait en barque de Québec à Montréal; et pendant l'été, le vent était si peu fréquent, que les barques demeuraient un mois et six semaines en chemin, ce qui obligeait d'envoyer de gros convois au devant.

Lorsque les nouvelles furent portées aux Iroquois de la défaite des Anoyot, ils implorèrent le secours de Corlard, c'est ainsi qu'ils appellent les gens d'Orange; cela disposa Pitre Osculle (Peter Schuyle ?) à former un parti de quatre cents hommes, tant Anglais que sauvages, pour venir enlever le fort de la prairie de la Madeleine. M. de Callières, qui en fut averti, y fut camper avec huit cents hommes, et outre cela, il en envoya un détachement de trois cents, tant soldats Canadiens et sauvages, commandés par M. de Vallerenne, pour tâcher de découvrir la marche de l'ennemi aux environs de Chambly. Malgré cette précaution, l'ennemi mit à terre vers l'île aux têtes, et y construisit un fort de pieux pour garder ses bateaux et canots, après quoi il marcha à travers le bois pour la prairie de la Madeleine ; et comme M. de Vallerenne envoyait souvent des découvreurs dans le bois, qu'à la fin ils trouvèrent la route des ennemis ; aussitôt il dépêcha un exprès pour en donner avis à M. de Callières, et pour l'assurer qu'il marchait sur la piste de l'ennemi, qu'il prit ses mesures là-dessus, mais malheureusement l'envoyé ne fut pas rendu assez tôt.

Pitre Osculle (Peter Schuyle ?) ayant fait son approche du fort sans être découvert, ou, du moins, sans que l'on voulut donner créance aux sentinelles qui crièrent la nuit qu'ils entendaient marcher ; on les paya d'un vous avez peur, et malheureusement M. de Callières était pour lors malade, et que la nuit il fit un gros orage, les troupes étant campées au-dessus du fort, par où l'on devait croire que l'ennemi devait venir, et les milices et sauvages étaient au-dessous du fort, sur le bord de la grève. Comme ils n'avaient point de tentes, ils quittèrent leurs armes en faisceau, et coururent au fort se mettre à l'abri de la pluie, où ils restèrent jusqu'à ce que Pitre Osculle arriva sous le bastion. Tout auprès, il y était resté des sauvages et quelques Français qui firent le cri, qui fit mettre les troupes en mouvement. Ils fillaient tout le long du fort, Pitre Osculle les arrêta sur le cul ; une partie reprit par derrière le fort. Pitre qui était en garde fit une seconde décharge, et voyant tant de troupes, commença sa retraite avec beaucoup d'ordre. Nos principaux officiers ayant été tués, on ne se mit point en peine de suivre l'ennemi, que quelques volontaires, qui, mal à propos, s'engagèrent dans les prairies, où le Sieur Daumergue, lieutenant, fut tué. Les ennemis partis, l'envoyé de M. de

Vallerenne arriva, dans le temps que les sauvages du Sault y accoururent au bruit du canon ; on fit un gros détachement, commandé par M. de la Chassagne, pour poursuivre l'ennemi, mais il fut fait si lentement qu'il ne put le joindre. Lorsque l'ennemi fut à moitié chemin de Chambly, ayant des découvreurs devant lui, qui se rencontrèrent avec les découvreurs de M. de Vallerenne, qui, chacun de son bord, furent avertir leurs partis. Nos Français se hatèrent pour s'emparer avant l'ennemi d'un côteau, où les arbres sont gros et clairs ; les meilleurs coureurs y arrivèrent assez tôt, mais à peine furent-ils retranchés derrière un gros arbre renversé que les ennemis coururent sur les Français, firent leur décharge sur les premiers de si près que la bourre mit le feu à leurs chemises ; le gros des ennemis y fut avant que ceux qui avaient tiré eussent pu recharger leurs fusils. Ce fut une grande tuérie de part et d'autre avant que M. de Vallerenne y fut arrivé, qui trouva que ses gens lâchaient pied. Il les rassembla et recommença le combat, et regagna e champ de bataille que les premiers avaient perdu, et les ennemis gagnèrent dans la profondeur du bois pour se rendre à leurs bateaux, ayant environ quatrevingt-dix de leurs gens sur le careau, et nous y en perdîmes environ trente-sept. Comme M. de Vallerenne travaillait à faire enterrer les Français morts, et à faire faire des brancards pour porter les blessés, arriva M. de la Chassagne, presque à la nuit, n'étant pas en situation de poursuivre l'ennemi, qui avait plus de deux lieues devant lui, mais on fit partir nos sauvages, qui marchaient la nuit comme le jour ; mais soit qu'ils voulussent menager l'Anglais, ou autrement, ils n'arrivèrent à leur fort qu'après qu'ils en furent partis ; ils trouvèrent seulement deux Anglais blessés, qu'ils ramenèrent à Montréal.

A remarquer que si l'Anglais donna si vivement sur notre parti, c'est qu'il crut n'avoir affaire qu'à seize Canadiens, qui, le soir précédent, étaient partis de la prairie pour aller à la découverte, que les Anglais avaient vus passer, et auxquels ils ne voulurent rien dire, crainte de manquer la prise du fort qu'ils s'étaient proposé.

Les premiers qui arrivèrent à Montréal fut un canot, qui amena M. d'Esqueyrac, capitaine blessé, qui mourut le lendemain. M. Duplessy qui commandait à Montréal, sans attendre l'ordre de M. de Callières, dépêcha un canot pour informer M. le Comte de Frontenac de la défaite entière de M. de Callières. Les envoyés trouvèrent M. de Frontenac et M. de Vaudreuil aux Trois Rivières, qui étaient au bal. La lettre lue, la consternation fut générale, qui fit cesser toute réjouissance. Comme j'avais su le départ du canot, je faisais un détail à mon épouse de tout ce qui s'y était passé, et du bon succès que nous espérions de M. de Vallerenne, où je n'omettais aucune circonstance. Mon épouse, qui était aussi aux Trois Rivières, où elle fit un débit de ce que je lui marquais, qui contrariait presque en tout ce que M. Duplessy marquait, qui tranquilisa un peu M. de Frontenac, qui, dès le lendemain, fit partir M. de Vaudreuil avec cent voyageurs, qui devaient partir pour les Outaouais, qui rencontra en chemin les porteurs des lettres de M. de Callières, qui cadrait assez à ce que j'avais mandé, et qui, par conséquent, dispensait M. de Vaudreuil de courir après l'ennemi; ainsi il fit sa route pour le Montréal, où il arriva à la fin d'Août, et les voyageurs se disposèrent à partir pour les Outaouais, auxquels on donna une escorte de cinquante soldats, commandés par M. de Louvigny, qui allait commander à Missilimakinac. Lorsqu'ils furent aux chats, ils y trouvèrent un gros parti d'Iroquois, qu'ils voulurent tâcher de surprendre, mais leur découvreurs les prévinrent, en sorte qu'il fallut les approcher en ordre de bataille, et ceux qui sont embusqués ont bien plus d'avantage que les assaillants. Néanmoins l'attaque fut si impétueuse que les ennemis furent contraints de fuir, les uns en canot, les autres à travers le bois. Nous y perdîmes deux ou trois hommes et quelques blessés; les ennemis y perdirent environ douze hommes. Et le convoi, après avoir conduit les voyageurs au-dessus du portage, retourna à Montréal sans accident.

Comme tout le monde était retranché dans la ville et dans les forts, et que les habitants n'osaient aller qu'en troupe à leurs champs, ceux du haut de l'île de Montréal y allaient l'automne ; en traversant un petit bois, ils furent investis par un parti d'Iroquois, qui en tuèrent six sur la place, un qu'ils laissèrent pour mort, qui a été guéri, et deux prisonniers qu'ils amenèrent. Un coup de canon fut le signal : M. de Vaudreuil, avec un nombre de voyageurs et troupes y accoururent, et après avoir parcouru toute cette partie sans trouver d'ennemis, nous retournâmes à Montréal.

Quoique les sauvages du Sault St. Louis fussent entièrement dans nos intérêts, et que nous eussions garnison dans leur fort, on les obligea d'amener leurs familles et leur récolte à Montréal, où ils firent leurs cabannes en forme de village dans l'enceinte de la ville, et un détachement de troupes voiturèrent avec des bateaux tous leurs effets.

Les Anniés et les autres sauvages des environs d'Orange ayant fait un gros parti descendirent à St. François, où nous avions une forte garnison, firent quelques prisonniers, entr'autres le Sieur Crenier (Crevier?), seigneur du lieu, dont le fort était dans une île plus des trois-quarts boisée ; les ennemis s'étaient campés à un des côtés, vers le côté du lac, où étaient leurs canots ; le Sieur de la Motte se proposa de les aller combattre, avec un gros détachement. Comme il faisait ses approches à travers le bois, il fut investi par l'ennemi, de manière qu'il put se sauver que quelques soldats des meilleurs coureurs. Les officiers ayant été tués de la première décharge, il y en eut un nombre fait prisonniers et amenés en leur pays, dont la plupart furent rachetés par les Flamands.

1692.—L'hiver on fit un armement commandé par le Sieur Mentet, pour aller enlever le village des Anniés ;

effectivement on prit le fort et tous les sauvages qui y étaient sans tirer, parce que les guerriers étaient à Orange et aux autres nations Iroquoises. On proposa aux anciens de venir s'établir près le Montréal, où on leur donnerait des terres pour y faire un village ; ils le promirent, faisant même quelques mouvements pour cela, mais s'étant échappés du fort, furent porter la nouvelle à Orange et ailleurs. Outre que le dégel commençait à fondre les glaces, on commença à faire retraite, leur ayant donné rendez-vous au bord du lac St. Sacrement, où le Sieur Mentet fit construire un fort de pieux. Nos sauvages, qui étaient restés pour amener les Anniés, furent avertis que les guerriers s'étaient rassemblés, et avaient envoyé des coureurs vers les Ounoyots (Onneious?), ils vinrent joindre M. Mentet. A peine y furent-ils arrivés que les ennemis parurent, et qui commencèrent à faire un retranchement. Les Français firent une sortie ; les ennemis les repoussèrent ; on fut trois ou quatre jours à se chamailler. Pendant ce temps, le nombre des ennemis grossissait, ce qui détermina les Français de quitter leur fort et gagner le lac. Comme nous avions quelques blessés, ils furent portés sur des brancards ; ainsi ils sortirent à la faveur de quelques escarmoucheurs, qui entretenaient les ennemis dans leurs retranchements, et lorsqu'ils crurent que notre détachement avait gagné le lac, ils se dérobèrent aux ennemis, et à toutes jambes furent joindre le gros. Les ennemis s'étant apperçus de la retraite des Français, les suivirent ; mais lorsqu'ils arrivèrent au lac, notre barque était déja hors la portée du fusil, et les glaces ne valant presque rien, les ennemis ne les suivirent plus, car s'ils avaient traversé le lac, il est à croire que pas un Français n'aurait échappé, puisque, arrivant au Lac Champlain, vis-à-vis les pointes, il n'y avait plus de glaces, il fallait passer sur les montagnes. Les vivres leur manquant, de quoi ils donnèrent avis par un coureur à Montréal ; on envoya un détachement au-devant leur porter des vivres, où l'on trouva la plupart mourant ; cependant il n'en mourut qu'un de faim.

Le corps de troupes était tout à fait affaibli, quoique les années précédentes on eut envoyé bien des recrues, il y eut ordre de reformer sept compagnies, et d'incorporer les soldats dans les vingt-huit qui restaient ; et pour tâcher d'avoir quelque tranquilité dans la colonie, c'est à dire dans le gouvernement de Montréal, on envoyait de gros présents à toutes les nations des Outaouais, pour les engager à harceler et divertir les courses des Iroquois, à la tête desquels se joignaient souvent des Français voyageurs, cependant avec peu de succès. Cela n'empêchait pas que l'ennemi, par pelotons, ne fut toujours sur nos côtes, qui empêchait que l'on ensemençat les terres, et si on n'avait pris la précaution de faire venir des vivres de France, la famine aurait été générale ; et ce fut en cette année, à ce que je pense, que pendant tout l'été il y eut une si grande quantité d'écureuils rouges qu'il ne s'est jamais vu rien de semblable, jusque dans les rivières, qui en étaient couvertes, qu'ils traversaient à la nage, dont nombre de familles en faisaient bonne chère.

Un chef Annié, appelé Lefer, étant venu en parti, avait surpris des sauvages du Sault St. Louis, et en amenait un nombre de prisonniers. Les guerriers du village en étant avertis, les suivirent, et les joignirent au Lac Champlain, en terre ferme, vis-à-vis l'île à Lamotte. Les ennemis se voyant investis, se retranchèrent dans et derrière des roches. Nos alliés n'eurent point d'autre parti à prendre que d'y sauter la hache à la main, avec une telle vivacité que l'ennemi ne fit que quelques décharges sans effets, de sorte que les ennemis y furent tous taillés en pièce, et les prisonniers délivrés.

Dans la même année, comme nous avions toujours des partis en campagne, M. de Beauvais en commandait un vers le Lac Champlain, où il voulait pénétrer sur les côtes Anglaises. Son parti était composé plus de sauvages que de Français ; parmi les premiers, il y avait un brave homme, bien fait, qui s'appelait le grand Annié, qui était de la mission du Sault St. Louis. Comme ils se retiraient sans avoir rien fait, étant couchés dans leurs cabannes, un parti de nos sauvages Algonquins, rôdant dans ce quartier là, ayant découvert le parti du Sieur de Beauvais, sans le connaître, le prenant pour des ennemis, firent une décharge dessus, et tuèrent le grand Annié. Comme ils sautèrent sur les autres la hache à la main, ils reconnurent les Français, ce qui causa parmi les uns et les autres une grande consternation de la perte d'un si brave homme, qui était la terreur des ennemis, quoiqu'il fut de leur nation.

M. de Frontenac, qui avait été très mortifié de l'abandon de son fort, ne songea qu'à le rétablir. Auparavant que de l'entreprendre, il renvoya Harchaoué aux Iroquois pour tâcher de les disposer à la paix. Comme parmi ces nations il y avait un parti qui se déclarait en notre faveur, qui était la famille de la Grand Gueule, il y avait celle de Teganissorens qui était contre, qui, favorisée de l'Anglais, était fort supérieure à l'autre; sa décision prévalait sur tous les conseils qu'ils tenaient. Ainsi Harchaoué ne put rien obtenir de sa négociation; au contraire, ils tenaient des partis considérables le long de la grande rivière, pour tâcher de prendre quelque canot montant ou descendant des Outaouais, ce qui détermina M. de Callières d'envoyer un parti au lac des deux montagnes, commandé par M. Dulhut. Comme j'ai dit ci-devant, à l'occasion de Repentigny, qu'il fallait chicaner son ennemi, et comme il n'y avait ordinairement que deux et trois hommes pour exploiter chaque canot de voyageurs, M. Dulhut, pour tromper l'ennemi, en partant du bout de l'île de Montréal pour traverser le lac des deux montagnes, dans trois canots qu'il avait il y avait dix hommes à chacun, il en fit coucher huit à chacun, ne faisant paraître que deux hommes par canot pour nager. Lorsqu'il eut traversé le lac, qu'il fut dans le détroit de la rivière, il vit venir à lui quatre canots ennemis, de sept et huit hommes chacun: pour les engager au large il fit semblant de fuir. Comme il n'y avait que deux hommes qui nageaient, et que les ennemis étaient nombreux, ils les eurent bientôt joints. Lorsqu'ils furent à portée de pistolets, tous les Français se levèrent ; l'ennemi fit sa décharge sans tuer personne, et se mit à fuir ; nos Français les eurent bientôt joints et culbutés dans l'eau ; ceux qui ne furent pas tués furent faits prisonniers. Un de leurs canots qui ne s'était pas assez approché, gagna terre et ils se sauvèrent. Les prisonniers furent amenés à Montréal, où toute la populace et les sauvages domiciliés demandèrent par droit de représaille qu'ils fussent brulés ; ainsi ils furent attachés au poteau et brulés les uns après les autres. Cet exemple fit changer la conduite des ennemis, puisque, par la suite, quoiqu'ils prissent des Français, ils n'en faisaient plus bruler.

Le printemps, un petit parti d'ennemis tomba à la prairie St. Lambert, où ils levèrent les chevelures aux nommés Besset et Dumay, les ayant laissés pour morts, et de quoi ils furent entièrement guéris ; il y en a un qui vit encore, et l'autre, qui s'était marié, est mort il y a peu d'années ; cependant toute la peau leur fut enlevée sur la tête.

Un autre parti, descendu par la Rivière Hiamaska, fut enlever deux familles auprès des Trois Rivières, et trois ou quatre jeunes gens à la Rivière du Loup. La milice des Trois Rivières, commandée par le Sieur Hertel, coururent après, jusqu'aux îles, mais ils n'ôsèrent attaquer l'ennemi, qui, cependant, se voyant poursuivi, lorsqu'ils furent un peu en avant dans Hiamaska, y brulèrent une partie des prisonniers ; tout le blame fut rejetté sur le Sieur Hertel.

Un autre parti vint au fort de M. de Belmont, près le Montréal, d'où ils amenèrent trois femmes sauvagesses, qui travaillaient dans leurs champs, à la portée d'un boucanier. M. de Belmont fit tirer dessus, et ils se retirèrent. M. le Marquis de Crisafy partit de la ville avec un détachement, mais nous ne pûmes pas joindre l'ennemi.

Il y avait un autre gros parti qui rôdait autour de la Chesnaye et l'Ile Jésus. Nous y avions toujours deux cents hommes des troupes pour garder les postes, et un brigantin armé au haut de Repentigny, que trente Iroquois tenaient toujours en haleine. Aucune expérience ne pouvant nous donner de l'émulation, je veux dire que l'on ne faisait aucune tentative pour surprendre l'ennemi dans ses camps, puisqu'il n'y faisait jamais de garde, et que l'ennemi n'agissait que par les avantages qu'il trouvait. Un jour, M. Plagnolle (Plagniol ?), lieutenant, allant en canot de Repentigny à la rivière des prairies, passant le long de l'île Bourbon, un parti Iroquois y était embusqué, qui fit sa décharge sur M. Plagnolle sans tuer ni blesser personne. Il se retira promptement au large ; l'ennemi courut à ses canots pour le suivre, qui traversa aux terres de la Chesnaye, d'où il avait une demi lieue à faire jusqu'au fort. L'ennemi l'avait presque joint, lorsque le nommé Goulet, habitant, fut au-devant, qui, lui seul, arrêta les ennemis, et amena M. Plagnolle et ses gens au fort, qui avaient abandonné leur canot et équipages aux ennemis. Maxime générale parmi tous les sauvages : s'ils savaient perdre un homme, ils ne feraient aucune tentative, et si vrai, qu'une femme, à la prise de la Chine, ayant un fusil qui n'était point chargé, en le couchant en joue de temps en temps arrêtait les ennemis, et garantit sa mère, qui se rendirent au Fort Rémy.

La même année de 89, les Iroquois demandèrent à M. de Vallerenne un Français pour les conduire à Montréal ; il leur donna Touquaire, qu'ils ont gardé longtemps. Enfin, les Iroquois reconnaissants des gracieusetés de M. de Frontenac, députèrent trois chefs, Teganissorens à la tête, qui ramena nombre de prisonniers, entr'autres le Sieur de la Chauvignerie, qui avait été retenu avec M. le Chevalier d'Eau. On ne saurait exprimer la joie de M. de Frontenac lorsque ces chefs furent à Québec ; ils n'eurent point d'autre table que celle du gouverneur ; on les fit promener dans nos retranchements ; nous avions deux mortiers à bombes sur le cavalier du Sieur Dupon, on en fit tirer plusieurs pour leur en faire voir l'effet. Ensuite on traita des affaires ; celle de M. de Champigny ne fut pas des dernières à reprocher. Lorsque l'on fut aux articles de rétablir les postes abandonnés, l'Iroquois dit que, pour suivre l'ordre naturel, il voulait bien consentir que l'on rétablit Cataracouy, qui depuis longtemps avait pris de fortes racines, et du consentement des deux partis, et où l'on avait souvent traité de bonnes affaires, mais que pour Niagara, qui avait été planté malgré eux, et qui n'avait aucune racine, il n'y fallait point penser ; qu'à l'égard des prisonniers, ils ne les rendraient qu'à la paix générale, qui ne pouvait se conclure que auparavant ils n'eussent chatié les gens d'en haut, qui étaient toujours en course chez eux, mais qu'au rétablissement du Fort Cataracouy, ils n'y porteraient point d'obstacles. Il y eut aussi quelques propositions pour les détacher de l'Anglais ; ils répondirent que comme ils étaient liés ensembles, ils ne pouvaient faire la paix sans eux. Ainsi les choses demeurèrent en leur premier état. On fit de gros présents aux chefs, et on leur fit consentir que l'on put envoyer quelques hardes au père Millet et autres ; ils y acquiescèrent à condition que le Sieur de la Chauvignerie les irait conduire, ce qui leur fut accordé. Ainsi ils partirent de Québec avec un ordre de les bien recevoir partout où ils passeraient. Ils ne séjournèrent que très peu à Montréal, furent visiter leurs parents au Sault St. Louis, et ensuite se rendirent en leur pays.

M. de Frontenac ne songea plus qu'à rétablir le Fort Frontenac. Comme il n'y avait qu'une petite brèche à l'enceinte, il fut en état de défense en très peu de temps, où M. de Lavallière fut commander, avec ordre de ménager l'Iroquois, et de tâcher d'avoir souvent des conférences avec eux. Ainsi il semblait qu'il y avait une espèce de trêve, mais cela n'empêchait pas les guerriers de courir sur nos côtes, qui, de temps en temps, faisaient des prisonniers, qu'ils ne faisaient plus mourir.

J'ai oublié, à l'année 1690, qu'un gros parti d'Iroquois, au nombre d'environ 80, s'étant engagé dans les rapides au côteau du lac, où nous avions un parti supérieur au leur, commandé par le Sieur de Bienville-Lemoine, qui investit l'Iroquois, qui, se trouvant trop engagé, eut recours à la ruse. Le chef dit qu'il allait à Montréal traiter d'affaires; ils y descendirent en effet, où ils furent bien régalés, et on les laissa repartir.

1693.—Sur la fin de l'automne, qu'il y avait déjà beaucoup de neige, et que l'ennemi n'avait point paru sur nos côtes dans cette saison, les habitants de la Chesnaye étant aller hiverner sur leurs habitations, un gros parti Iroquois les fut investir la nuit, fit tous les habitants prisonniers, excepté ceux qui se mirent en défense, qui furent tués ou blessés dans leurs maisons. Il y avait une femme veuve, de qui le mari avait été tué l'année précédente, à qui un vieux garçon de son voisinage fut rendre visite. Comme il voulait se retirer chez lui, la femme le pria de rester avec elle, lui disant que la peur l'avait tout à fait saisie; le garçon fut complaisant, qui ne marchait point sans son fusil et un petit chien. Lorsque la nuit fut avancée, le petit chien fit grand bruit; le garçon sortit dehors, qui vit toutes les habitations en feu, fit lever la femme, qui avait aussi un fusil, et se mit en sentinelle au coin de la maison. Il n'y fut pas longtemps sans voir des ennemis qui faisaient l'approche de la maison; lorsqu'ils furent à portée il tira dessus, et donna son fusil à la femme pour le charger, et tira son second coup avec le fusil de la femme; les ennemis tirèrent sur lui, qui ne le touchèrent point. Le jour étant venu, les ennemis se retirèrent, et l'habitant et la femme s'embarquèrent dans un canot et se rendirent au fort.

1694.—On eut avis qu'un gros parti d'ennemis faisait la chasse d'hiver vers le lac St. François; le Sieur Dorvilly demanda un parti de Français et sauvages pour les aller surprendre. Comme ils étaient en route, le Sieur Dorvilly fut échaudé par une chaudière d'eau bouillante qui se lâcha, et le Sieur de Beaucour, son second, continua l'entreprise, qui, à la fin, trouva l'ennemi, le surprit dans ses cabannes. On entra dedans le sabre à la main, où on en tua plusieurs ; d'autres se sauvèrent tout nuds à travers les neiges ; et nous délivrâmes le Sieur de Laplante, officier, qui avait été pris avec le Sieur Larabeyre à l'affaire de la Chine. Nous y perdîmes trois ou quatre de nos plus braves sauvages.

Cette même année, on fit une redoute au Cap au Diamant, un fort au Château, et les deux portes, St. Louis et St. Jean.

Il vint à Québec une grosse flotte, commandée par M. d'Iberville. A son retour, le vaisseau *Le Corolot* périt sur les sept îles ; dix ou douze hommes se sauvèrent, et vinrent le printemps ensuite à Québec.

Vers ces années là, M. de Naymont commandait une flotte pour aller prendre Boston, et M. le Marquis de Vaudreuil partit de Montréal avec un gros détachement pour attaquer par terre, mais il relâcha à Sorel, et nous apprîmes par la suite que M. de Naymont avait relâché au chapeau rouge, en Terre Neuve.

Vers les récoltes, on fut averti par des découvreurs qu'il y avait un parti d'ennemis dans la Rivière de Richelieu, qui descend de Chambly. On fit un détachement de troupes et milices, commandé par M. de la Durantaye, qui ayant trouvé les canots des ennemis où il n'y avait personne pour les garder, après les avoir laissés en garde à ses canoteurs, qui se mirent en lieu de sûreté, il se mit à marcher sur la piste des ennemis, où la route était très mauvaise, qui les contraignit de coucher en route. Le lendemain matin, ils se mirent en marche : les découvreurs ayant apperçu l'ennemi auprès d'un champ, à Boucherville, où l'ennemi n'avait pas encore ôsé paraître, furent avertir le commandant, qui marcha en ordre, et quoiqu'il surprit l'ennemi, il le trouva en armes. Les premières décharges furent faites par les Français ;

partie des ennemis prit la fuite dans le bois, où on en tua quelques-uns et fit deux prisonniers; nous y perdîmes deux Canadiens.

1695.—Comme les ennemis étaient troublés dans leur chasse vers le Lac Ontario par les Outaouais, ils la faisait annuellement entre Cataracouy et le Montréal, où le castor, depuis la guerre, avait fort multiplié, et où il y avait quantité d'orignaux. On fit un détachement considérable, commandé par M. de Louvigny, pour les surprendre. Comme il était en marche, arrêté au Lac St. François, il y fut arrêté par une trop grande abondance de neige, ce qui le contraignit à demander à Montréal un secours de vivres. On lui envoya deux détachements, l'un commandé par M. de Repentigny, et je commandais le second; nous le joignîmes au-dessus de la Pointe au Beaudet. Notre décharge faite nous retournâmes à Montréal, et M. de Louvigny attendait le temps favorable pour continuer son entreprise, mais les dégels le contraignirent de relâcher au haut des rapides. Les sauvages qu'il avait avec lui continuèrent et trouvèrent l'ennemi, où ils donnèrent quelqnes combats, et leur firent abandonner leur lieu de chasse.

Le 25 Février, l'Hopital de Montréal brula. Le 28, M. de Callières fit assembler tous les principaux habitants dans la paroisse, où chacun fit ses offres pour le reparer. On me chargea de la conduite, et au mois d'Octobre, les religieuses et malades y furent logés, malgré que très souvent on commandait les ouvriers pour aller en détachement contre l'ennemi, qui ne cessait de harceler, ce qui détermina M. de Frontenac de ramasser toutes ses forces, pour, l'année ensuite, aller chatier les *Montagues* (Onontagués?), qui se croyaient invincibles. Pour cet effet, on fit construire deux grands bateaux, et nombre de moyens, sur lesquels on chargea des petits canons. L'armée était d'environ trois mille hommes, tant troupes, milices que sauvages. Comme on voulait et lorsque nous fûmes au Fort Frontenac, on fit des efforts pour relever les trois barques qui avaient été coulées à fond. Malgré tous les préparatifs qui avaient été faits, tout fut inutile, puisqu'elles y sont encore.

Nous partîmes du Fort Frontenac dans le mois de Juillet, et entrâmes dans la Rivière Onontagué, qui est extrêmement rapide pour des voitures comme nous en avions, et c'était le Frère Pierre Milleré qui était notre guide. Cette rivière fourche en deux endroits, un bras vers les Onoyots, un autre vers les Goyogouins, et la branche va au lac de Ganeuta, qui est la hauteur de ces terres. Ce lac a environ deux lieues de long et une lieue de large, l'eau saumatre, par la quantité de salines qui est à ses sources. Nous avions pour lors un petit vent derrière ; chacun s'étudia à mettre des hunes à son bateau, et les grenadiers trois voiles, les unes au-dessus des autres, qui, de loin, paraissaient couvrir tout le lac. Les ennemis qui la découvrirent de dessus les montagnes en prirent l'épouvante, prirent le parti de bruler leur fort et leurs cabannes, s'enfuirent dans la profondeur des bois. Notre débarquement fait, on mit tout le monde à couper et trainer des pieux pour construire un fort pour la garde de nos bateaux, qui fut fini en un jour et demi. Ensuite on se mit en marche, M. le Comte sur un bourriquet, et M. de Callières sur un cheval qu'il avait fait mener sur un des bateaux ; toutes les troupes marchaient en ordre de bataille, les bois y étant fort clairs. Lorsque nous arrivâmes à la vue du fort, on n'y pouvait rien distinguer ; on y voyait pourtant quelques mouvements, mais c'était le Frère Pierre Milleré, avec quelques volontaires, qui avaient gagné le devant. Ainsi nous arrîvames à la place où était le fort sans voir d'ennemis, où nous ne trouvâmes que des cendres, deux petits canons, et un enclume de forgeron. On ordonna des détachements pour aller couper les blés d'inde dans tous les champs, et M. de Vaudreuil partit avec un autre détachement, guidé par Fleur d'Epée, prisonnier chez les ennemis, dont il s'était sauvé. Les Onoyots, à son approche, prirent la fuite, quoiqu'on les eût fait prévenir que ce n'était que pour les engager à sc détacher de leurs frères et s'établir à Montréal, parce que ces guerriers avaient presque tous été détruits ; ceux de l'affaire de Repentigny étaient de ce village. Enfin étant revenus, ils promirent de ne plus rien entreprendre contre les Français ; on les quitta, excepté quelques chefs qui furent menés au camp. En fourrageant les champs des Montagues, on trouva un vieillard qui avait plus de cent ans, qui n'avait pas pu suivre la troupe ; il s'était caché dans un trou d'arbre. Après l'avoir questionné on le brula, sans qu'il fit presque de mouvement. Après l'expédition faite, on reprit la route de Ganenta : deux soldats trainant de de l'arrière, furent pris par les ennemis sans nous en appercevoir, et l'on ne le sut que parce qu'on les trouva manquer. Arrivés à Ganenta, on proposa d'aller aux Goyogouins, mais certains officiers ayant représenté qu'il était expédient de retourner promptement à Montréal pour y faire les récoltes, nous prîmes la route de Cataracouy, où l'on coupa et on charroya tous les bois de la garnison, où M. de Louvigny resta commandant.

Par ce mouvement le Montagué fut humilié, mais non pas terrassé. Les Anglais et les autres nations lui fournirent de quoi subsister, quoique nos partis d'en haut les harcelaient sans cesse, particulièrement le Tsonnontouan, qui était sur leur passage. Nonobstant tous ces échecs, ils eurent toujours des partis en campagne, rôdant autour des habitations et le long de la grande rivière, pour tâcher de prendre nos voyageurs ; et de temps en temps ils faisaient quelques prisonniers, et on nous en amenait aussi des leurs et des Anglais ; ceux-là étaient à prix.

Comme nos ennemis étaient dispersés, et qu'il en restait peu dans les villages, cinq ou six de nos Français et Françaises se sauvèrent à Montréal ; un de ceux qui avaient été pris au parti de M. de St. Circq, deux de la Chine, et deux de la Chesnaye.

1697.—Comme on ne craignait plus l'essor de l'Iroquois, en ce que les Abenakis venaient s'établir à St. François, on forma un parti pour aller enlever Guarfil, village Anglais, d'où l'on amena grand nombre de prisonniers, qui restèrent presque tous aux sauvages. Le ministre (Williams?) fut mené à Montréal, et de là à Québec; ses deux filles parmi les sauvages, dont une en a épousé un, malgré toutes les oppositions des gouverneurs.

Enfin, l'Iroquois commença à faire croire qu'il était humilié, et qu'il avait envie de faire la paix. Ils rendirent plusieurs visites à M. de Louvigny, qui leur conseilla de faire une députation, en leur exagérant la bonté de leur père, qui ne prenait jamais la verge qu'à regret. Ils furent à Montréal; et l'on convint que les principaux chefs descendraient pour convenir des faits, après quoi on manderait toutes les nations, qui devaient être comprises dans la paix générale; tous ces pourparlers arrêtèrent les armes.

Et lorsque ces députés furent rendus en leurs pays, le conseil en députa trois pour porter la parole des anciens. Comme cette négociation se faisait à la connaissance de toutes les nations sans leur en parler, Le Rat, chef des Hurons, leva un parti, sans rien dire de son dessein, et fut attendre les envoyés en route, qu'il défit, et par là recula la paix, et ôta les moyens à M. de Frontenac de la conclure avant sa mort, qui arriva la même automne, de laquelle M. Prevost donna avis à M. de Callières par le Sieur de Courtemanche. Aussitôt, mais incognito, M. de Callières fit ses dépêches pour la Cour, en faisant connaître au public qu'il écrivait à Québec, donna le mot au Sieur de Courtemanche, qui se chargea des lettres des particuliers, parce que c'était la dernière navigation, et ensuite remit toutes les lettres dont il s'était chargé à M. de Callières, et partit de Montréal comme s'il avait fait sa route vers Québec, et lorsqu'il fut à Sorel, nuitamment, prit le chemin d'Orange, la paix avec l'Anglais étant pour lors faite. Comme Messieurs de Champigny et de Vaudreuil, qui aspiraient au gouvernement général, virent que la navigation s'allait fermer, et que le Sieur de Courtemanche ne revenait point, ils se défièrent d'un tour de Normand, joint à quelques connaissances qu'ils eurent, ils firent partir le Sieur Vincelot avec toutes les lettres instructives, des lettres de créance, et de l'argent pour armer un vaisseau aux premiers ports de la Nouvelle Angleterre où il aborderait. Il en arma un à Pantagoit, et quelque avance et diligence que le Sieur de Courtemanche eut pu faire, il ne fut rendu à Paris que quelques heures avant le Sieur Vincelot, pour avoir le temps de rendre ses lettres au Comte de Callières, qui, dans le moment, fut demander au Roi le gouvernement pour son frère, qui lui accorda. D'un autre côté, Vincelot porta les lettres de Messieurs de Champigny et Vaudreuil à M. de Pontchartrain, sans savoir que M. de Courtemanche fut arrivé. Le Ministre fut informer le Roi de la mort de M. de Frontenac. Le Roi lui dit qu'il le savait, et qu'il avait accordé le gouvernement au Comte de Callières pour son frère, où il n'y avait point de réplique.

1698.—Dès le petit printemps, M. de Callières envoya des ordres pour que toutes les troupes vinssent camper à Montréal, pour en faire une revue générale. Les troupes étant en bataille, M. de Callières envoya dire à M. de Vaudreuil de le faire avertir dès que la revue serait faite, qu'il voulait voir défiler les troupes devant lui, et ordonna que les officiers le saluassent de la pique; l'ordre en fut donné aux troupes. M. de la Durantaye, qui était un des plus anciens capitaines par son rang, du régiment de Carignan, opina contre, et fit connaître que le salut n'était dû qu'aux princes ou maréchaux de France. M. de Vaudreuil, par son major, en fit porter la parole à M. de Callières. La chose fut longtemps indécise. Enfin arriva M. de Callières dans sa calèche, où il ordonna aux troupes de défiler, et de lui faire le salut. M. de Vaudreuil lui dit que c'était contre les ordres du Roi, et qu'il ne le ferait que par un ordre par écrit ; en même temps on fit apporter une caisse de tembour, et l'ordre y fut écrit dessus, et le salut se fit. Parmi tous ces mouvements, il y avait de la partialité : M. de Callières avait sa Cour et M. de Vaudreuil la sienne. La plupart étaient fort embarassés, ne sachant sur qui le gouvernement tomberait ; dans cette attente chacun résonnait. Comme je n'avais point de parti, et que j'étais également bien avec tous les deux, je me souviens qu'étant avec M. de Vaudreuil, il me demanda, le même jour que les nouvelles de France arrivèrent, ce que j'en pensais : je lui dis nettement que je croyais que M. de Callières l'emporterait, et j'en étais presque sûr, parce que M. le Chevalier de Crisasy m'avait fait confidence des avis que M. de Callières avait reçu par les Anglais ; cependant M. de Vaudreuil me dit qu'il n'en taterait que d'une dent. Le même jour les paquets de la Cour arrivèrent, qui confirmèrent ce que je savais. M. de Vaudreuil n'eut pas de plus grand empressement que de venir à ma rencontre, pour me dire de ne point révéler ce qu'il m'avait dit ; je lui ai tenu parole, car voilà la première fois que je l'ai mise à jour. Les partisans de M. de Vaudreuil, quoique par la même promotion fut fait gouverneur de Montréal, et M. de Ramesay commandant des troupes, se trouvèrent fort embarrassés, entr'autres M. de la Durantaye, qui, tout d'un coup prit son parti, demanda à passer en France, où il fit démission de sa compagnie, et fut fait conseiller au conseil supérieur de Québec.

1699.—Les Iroquois, qui avaient toujours craint M. de Callières, n'eurent pas de plus grand empressement que de venir s'assujettir, et de convenir avec lui de tous les articles de paix. La convention faite, M. de Callières fit avertir toutes les nations, sans exception, de venir à Montréal l'année suivante 1699 ; je n'en saurais citer le jour, mais c'était vers la fin de Juillet, et de fait toutes les nations se rendirent à Montréal, et l'assemblée se fit à St. Gabriel, maison seigneuriale du Séminaire de St. Sulpice, où la paix fut conclue en ces termes : " Que leur père leur donnait une gamelle, dans laquelle il y mit un couteau pour couper les viandes, et une micouanne pour manger la soupe ou sagamité" ; et pour en marquer le sceau, ils fumèrent tous dans un même calumet. La gamelle signifiait tous les pays de chasse et de pêche. A remarquer que, l'année précédente, M. de Louvigny, commandant au Fort Frontenac, presque tous les Iroquois lui furent rendre hommage, et lui témoignèrent que s'il y avait des marchandises dans son fort, qu'ils y porteraient toutes leurs pelleteries, au lieu de les porter aux Anglais. Comme l'intérêt était considérable sur soixante et tant de mille livres de pelleteries, on leur promit d'en faire monter, et pour cet effet, il s'adressa au Sieur Soumande, qui mit dans ses intérêts le Sieur Clerain, aide-major. L'affaire réussit assez bien jusqu'à la descente des pelleteries, qui vint à la connaissance des jésuites du Sault St. Louis, qui en donnèrent avis à M. de Callières, qui pour lors était à Montréal. La première remontrance ne lui fit aucune impression, ou du moins il en fit semblant, mais la chose lui fut si souvent réitérée, qu'il se vit obligé de donner des ordres au Sieur Clerain de se tenir sur les avenues pour saisir tous les canots qui viendraient du Fort Frontenac. Le Sieur Clerain, au lieu d'avertir le Sieur Soumande, comme il en était convenu, moyennant la part . . . . . . tourna casaque, et se jetta du côté de la saisie, de sorte que plus des trois quarts des pelleteries furent saisies, et on envoya M. de Lacorne relever Monsieur de Louvigny, à qui on intenta un procès contre les ordres du Roi pour le pouvoir interdire, qu'il fut contraint de passer en France pour s'en garantir. Si on avait regardé la chose du bon côté, on aurait vu que c'était soixante mille livres que l'on ôtait à l'Anglais pour les faire venir dans notre colonie.

Il ne se passa rien d'extraordinaire, mais comme M. de Callières et M. de Champigny ne s'accommodaient pas bien ensembles, ce dernier commença à solliciter son congé, qui ne vint cependant que deux ans après. Pendant 1700, M. de

Callières fit faire quelques retranchements à Québec, pour divertir les troupes, et Messieurs du Séminaire de Montréal commencèrent le canal de la Chine.

1701.—Monsieur de Maricour fut envoyé à Nontagues pour pacifier quelques mouvements que nos alliés avaient fait sur les Iroquois.

La paix générale faite, les habitants, qui depuis longtemps avaient abandonné leurs champs, les reprirent, et chacun travailla à se batir dessus ; et celles dont les héritiers avaient été tués furent remises aux domaines des seigneurs, qu'ils concédèrent à d'autres.

1702.—Monsieur de Ramesay avait mandé à la Cour, l'année précédente, que pour maintenir la discipline des soldats il serait bon de les faire camper. La Cour ordonna à M. de Callières de le faire. Ainsi on envoya les troupes à la Chine, afin de racommoder les chemins, où l'on demeura jusqu'aux récoltes, après quoi on les envoya chacun en sa garnison.

La même année on commença les fortifications de Québec sur les plans du Sieur Levasseur, qui eut quelque discussion avec M. le Marquis de Crisasy, qui pour lors commandait à la place.

M. de Subercase fut nommé gouverneur de Plaisance, et passa en France l'automne. M. de Callières mourut de ses goutes ; et la petite vérolle fut si violente à Québec, qu'il y mourut environ le quart des habitants, et se répandit l'hiver jusqu'à Montréal, sans toucher presque aux Trois Rivières, où il ne mourut que peu de monde.

1703.—Le Sieur Levasseur leva les plans de tous les forts du gouvernement, et on en fit construire un à la rivière *Puante*, duquel j'avais la conduite.

1704.—Je fus envoyé pour faire faire l'enceinte de la ville des Trois Rivières, et M. de Subercase envoya à Québec le vaisseau du Roi le *Vespe*, commandé par Monsieur de Lepinoy, par lequel il demandait à M. de Vaudreuil un détachement de troupes, Canadiens et sauvages, pour aller enlever les colonies que les Anglais tiennent en l'Ile de Terre Neuve. Nous partîmes de Québec le lendemain de la Toussaint, au nombre de quarante Français et quarante Abenaquits, et arrivâmes à Plaisance le 15 de Novembre, où l'on se disposa à faire des raquettes et des tresnes sauvages pour aller droit à St. Jean. Comme l'hiver fut fort doux, et qu'il ne commença à geler que le 13 de Janvier, on désespérait de pouvoir suivre le projet, quoique tout fut prêt. Le 14 il gela très fort, et on commença à défiler le 15; tout le reste se rendit au fond de la baie, et le lendemain on continua la marche, chacun portant son équipage et vivres sur son dos, parce qu'il n'avait point tombé de neige pour pouvoir se servir des tresnes, que l'on abandonna, et la plupart quittèrent aussi leurs raquettes. Lorsque nous fûmes à une petite distance de Beboulle, établissement des Anglais, il tomba environ deux pieds de neige, pendant deux jours que nous fûmes arrêtés, en sorte qu'à quatre cents hommes que nous étions, nous n'avions pas plus de soixante paires de raquettes; c'était une pitié pour ceux qui n'en avaient pas, qui enfonçaient jusqu'aux cuisses. Cependant nous arrivâmes à Beboulle, où l'on surprit les habitants, et où nous nous rafraichîmes deux jours, et nous y laissâmes garnison.

1688.—Monsieur de Bergères ramena un jeune chien de Niagara, fils d'un autre qui s'appelait vingt-sols, qui sûrement avait servi de sentinelle au dit poste. Ce jeune chien fut amené à Chambly, où M. de Bergères fut commandant; et comme les avenues de ce dernier poste étaient souvent occupées par les Iroquois, il était difficile de donner et recevoir des nouvelles de Montréal. On s'apperçut que le jeune chien, lorsqu'il fut assez grand, avait fait quelques voyages à la prairie de la Madeleine, où il y avait garnison, où il fut à la suite d'une chienne-chaude; il fut reconnu par les soldats, qui en avertirent le commandant, craignant que quelque Français, avec qui il aurait pu venir, n'eut été pris par les Iroquois. On écrivit une lettre que l'on attacha au col du chien ; après lui avoir donné à manger, on le fustigea, et on le mit hors du fort en le menaçant, si bien qu'il s'en fut à Chambly, où le trajet est de quatre lieues, et se rendit au fort la lettre au col, que l'on lui ôta. Après en avoir fait la lecture, ils pensèrent à le renvoyer, lui mettant la réponse de la lettre au col, et on le fustigea comme on avait fait à la prairie, où il fut rendre la réponse. Par cette manière, il fut établi postillon d'un poste à l'autre, ce que le commandant représenta à Monsieur l'Intendant, lui demandant une ration pour lui, ce qui lui fut accordé, et fut incorporé sur les rôles des soldats sous le nom de Monsieur dit Niagara. On trouva même le moyen de le faire vivre plusieurs années après sa mort ; lorsque la revue se faisait, il était ou en course ou à la chasse.

Quelques années après, le nommé Dubeau, Canadien, un des plus forts du pays Métis, fils d'un Français et d'une Huronne, qui avait été garde de M. de Frontenac, étant allé aux Outaouais, étant à la chasse, y fut pris par sept Iroquois, qui le lièrent ; et comme il savait parler leur langue, il s'entretenait avec eux, et s'attira un peu leur confiance, et n'était plus si serré. Comme il approchait vers Niagara, une nuit, étant tous couchés, le feu étant un peu amorti, Dubeau se délia, prit une hache, et les assomma tous les sept, et s'en retourna aux Outaouais.

1684.—Quelques années auparavant, M. Dulhut étant commandant à Missilimakinac, avec trente Français, il fut informé que deux sauvages de l'une de ces nations avaient tué et pillé un Français, et on lui nomma les deux meurtriers. Lorsque toutes ces nations y furent assemblées, au nombre d'environ huit cents, M. Dulhut fit prendre les armes à ses gens, et fut arrêter les deux meurtriers, qu'il fit attacher. Les chefs s'assemblèrent pour savoir de quoi il était question.

Après leur avoir dit le sujet, ils apportèrent nombre de paquets de castor pour les rançonner. M. Dulhut leur dit que comme ils avaient tué un Français, il fallait que tous les deux fussent faits mourir. Ils représentèrent que puisqu'ils n'avaient tué qu'un Français, il ne fallait faire mourir qu'un sauvage. Toutes leurs représentations furent inutiles. On tint conseil de guerre, qui les condamna d'avoir la tête cassée, ce qui fut exécuté en la présence de toutes ces nations, qui n'ôsèrent faire aucun mouvement.

A remarquer qu'en 1701, Monsieur de la Motte-Cadilac a été faire l'établissement du Détroit, et y monta par la grande rivière.

La même année, M. de la Corne, commandant au Fort Frontenac, un nombre de familles Iroquoises lui demandèrent permission de se cabanner autour du fort, ce qu'il leur accorda. Les Amicoués et Mississagués, voulant brouiller les affaires, furent une nuit enlever toutes ces familles, où il n'y avait presque que des femmes et enfants, et les amenèrent. L'Iroquois voulait en tirer vengeance, mais Monsieur de Callières les prévint, en envoyant M. de Maricour en leur pays pour les arrêter, et où il hiverna, pendant que l'on envoya dire aux Mississagués de renvoyer ces familles, ce qu'ils firent, et n'ayant fait ce mouvement que pour intimider l'Iroquois, afin qu'il ne fut point chasser dans leur continent, qui est du côté du nord du lac Ontario, où le Mississagué s'est établi, et où il reste présentement.

1705.—A reprendre le voyage de Monsieur de Subercase sur les côtes Anglaises en Terre Neuve. Lorsque nous eûmes pris Beboulle, où l'on laissa un détachement, nous montâmes la montagne, qui est extrêmement haute, boisée de sapinage ; ensuite sont des espèces de plaines, où l'on trouve, pendant quatre lieues, de petits bouquets de bois, de distance à autre. Comme il y avait beaucoup de neige, et qu'il y en avait peu qui eussent des raquettes, le reste fatiguait beaucoup ; Monsieur de Costebelle fut du nombre.

N'ayant pu gagner le camp, il resta dans un petit bois, où il fit tendre une voile pour lui servir de tente. Y étant assis, un de ses gens, en coupant un arbre pour le feu, le fit tomber sur la tente, où M. de Costebelle fut pris comme une marte à la trappe. Il fallut bucher l'arbre avant de le pouvoir dégager, si bien qu'il en resta très incommodé. Nous ne scûmes rien de cet accident que le lendemain, comme nous commencions à défiler. Monsieur de Subercase m'y renvoya avec quatre Canadiens des plus forts ; je le trouvai couché, et hors d'état de pouvoir marcher. Je fis faire un brancard à porter à deux hommes, et en cet équipage nous prîmes la route, où en plusieurs endroits il fallait couper des arbres pour pouvoir passer. Le jour étant sur son déclin, après l'avoir cabanné, je fus joindre le camp au petit hâvre, qui fut pris sans aucune résistance, d'où il n'y a que trois petites lieues jusqu'à Saint Jean. Le lendemain matin on promit huit écus à huit Abenaquis, qui le furent chercher ; et comme il était très incommodé, nous le laissâmes là avec une bonne escorte. Le lendemain, 31 Mars, nous gagnâmes la profondeur du bois, pour doubler le fond de la baie du Port St. Jean, où nous arrivâmes avant le soleil couché. Quoiqu'il faisait extrêmement froid, il fut défendu de faire du feu ; chacun chercha gîte sous des sapins, où ils sont fort touffus, et on mettait les souliers sauvages sous les reins pour les faire dégeler, pour pouvoir les chausser lorsqu'il serait temps de partir. Avant la nuit close, nous montâmes avec M. de Subercase sur une hauteur, d'où l'on découvrait tout le hâvre, sans pouvoir distinguer le fort. Etant de retour, M. de Subercase me dit que M. de Costebelle et les autres Messieurs n'étaient pas de sentiment d'attaquer le fort qu'après que tous les marchands et habitants auraient été pris. Je lui dis que c'était là le moyen pour ne pas réussir. Il s'appuya sur ce qu'il avait fait partir un brigantin de Plaisance, avec ordre de nous venir joindre, sur lequel il y avait un mortier et nombre de bombes. Cependant il donna un détachement à M. de Beaucour pour aller droit au fort, l'appetit vient en mangeant. M. de Montigny commandait un autre détachement de Canadiens et sauvages, et M. Lhermitte marchait à la tête des gens de Plaisance, qui, faute de raquettes, ne purent suivre les raquetteurs, qui l'attendirent jusqu'au grand jour, parce qu'il avait pris le chemin battu, par où les Anglais trainaient leur bois, si bien qu'il fallut courir à toute force pour investir toutes les maisons, où l'on prit les habitants tous nuds en chemise. M. de Beaucour se contenta de se promener sur les glacis du fort, sans que personne remuât. Les sauvages furent prendre trois ou quatre familles au-delà du fort. Pour tout cela la garnison ne se reveillait point, et il était environ huit heures lorsque j'arrivai au bas du glacis, où je trouvai M. Lhermitte qui attendait les ordres. Je lui proposai d'aller droit au fort, les fossés étant comblés de neige : il me dit qu'il n'avait point d'ordre pour cela. Enfin un Anglais parut sur le parapet, qui nous admirait courir en raquette sur la neige, et comme on le coucha en joue, il courut avertir le corps de garde, qui, avec des pelles, débarrassèrent les canons et commencèrent à nous canonner, et nous contraignirent de nous retirer, et nous tuèrent deux hommes. Tous les marchands et habitants, au nombre de trois cent dix-sept, furent mis dans le Temple, et quatre marchands que l'on laissa sur leur parole parmi nos gens. Comme il y avait environ soixante femmes, qui auraient pu causer du désordre, je conseillai à M. de Subercase de les envoyer au fort, ce qu'il fit.

Le fort était clos de pieux, à une certaine hauteur, en forme de terrasse, que lui donnait la profondeur du fossé, laquelle palissade était aussi terrassée par derrière, presque hérissée de canons ; sur le fossé un pont lévis, et le glacis, du côté du port et des habitations, était en pente, entre la douce et la rapide. Vis-à-vis, de l'autre coté du port, était le château, clos de bonnes et fortes murailles, partie arrosées de la haute mer. Pour battre les vaisseaux, en entrant ou descendant, il y avait deux batteries, l'une sur l'autre ; la première, bien voutée, battait à fleur d'eau, avec du canon de trente-six ; celle d'en haut de douze : les batteries faites en figure de fer à cheval.

Comme les magasins et logements des habitants étaient tout le long du hâvre, pendant une demi-lieue, les Français s'y logèrent à leur fantaisie, hors la portée du canon, et on établit des corps de garde au bas du glacis.

On fut quelques jours sans faite de mouvements, quoique la garnison faisait plusieurs décharges de canon tous les matins sur les maisons où ils voyaient sortir de la fumée. Il arriva même qu'un boulet ôta l'oreiller de dessous les têtes des Sieurs Mousengs et Davigraud, qui étaient couchés, sans les blesser.

A une petite lieue du fort, il y a un petit port qui s'appelle Quidimity, où il y avait soixante-douze Anglais pour la pèche. M. de Montigny, avec quelques Canadiens et sauvages, fut les arrêter, et où il y avait un religionnaire de la Tramblade, qui passait pour leur commandant. Ils demandèrent à rester, sur leur parole. On leur accorda, à condition que si quelqu'un désertait pour aller au fort, tout le reste serait passé au fil de l'épée, à quoi ils acquiescèrent, et demeurèrent libres. A remarquer que quelques-uns de nos sauvages y allaient souvent pour les compter ; dès que le sauvage se présentait, ils se mettaient tous en haie. Il arriva un jour qu'un de leur troupe voulut déserter ; les autres le suivirent et l'arrêtèrent, en donnèrent avis aux Français, et sans autre forme de procès, eut la tête cassée au lieu où il avait été pris.

Après trois ou quatre jours de rafraîchissements, M. de Subercase envoya M. de Beaucour et un interprète pour sommer le gouverneur, qui s'appelait Jean Maudy, de rendre le fort. Il répondit qu'auparavant il était bien aise de conférer avec le Sieur Cambel, commissaire, et deux des principaux marchands qui étaient prisonniers, qu'il priait M.

de Subercase de vouloir lui envoyer, sur la parole qu'il lui donnait de les renvoyer le lendemain. Faute irréparable, car au lieu de l'intimider ils le rassurèrent, car par la réponse il demanda que M. de Subercase enverrait savoir le sentiment du commandant du château, où l'on envoya ; mais à l'approche du pavillon, le commandant fit tirer dessus, et ne voulut entrer en aucune proposition. Comme ce château est au pied des montagnes, qui le commandent même en plongeant, on y fit guinder quatre pièces de canons, de ceux que nous leur avions pris, sur des plateformes détachées. On les canonna quelques coups, avec peu d'effet. Cependant on y établit un corps de garde pour les harceler nuit et jour. Ils se trouvèrent toujours sur leurs gardes, pendant trente-trois jours que l'on les assiégea.

Comme on leur avait dit qu'il nous venait un mortier avec des bombes, et que nous en attendions l'arrivée, pour les contraindre à se rendre, ils mirent aussi un mortier en batterie, et tous les soirs nous tiraient un nombre de petites bombes, qui ne nous firent point de mal.

S'étant apperçus que leur canon ne nous faisait pas déloger, parce qu'il y avait un côteau qui couvrait le bas des maisons, ils élevèrent un cavelier dans le fort, sur lequel ils mirent du canon, afin de plonger dans le bas des maisons, ce qui leur réussit très bien, puisqu'un boulet, frappant sur un des jambages de la cheminée, par les éclats qu'il en fit sortir, cassa les cuisses d'un Espagnol, que nous avions pris en commerce parmi eux, et une des jambes du Sieur Deleau, neveu de M. de Subercase ; le premier mourut le lendemain, et l'autre le troisième jour. Et voyant que le brigantin ne venait pas, que la saison nous pressait, on résolut de décamper, et pour retirer quelques effets des magasins, on en chargea trois charrois, que l'on estimaient quarante mille livres, que le Sieur de Montigny devait escorter pour les passer la nuit devant le château. La nuit qui précédait celle du départ, il gela si fort, que tout le hâvre fut gelé à porter des chevaux, qui contraignit à bruler les bateaux et presque toutes les marchandises, ne pouvant les porter par terre. Cependant les habitants de Quimidity, qui avaient douze chaloupes parées, s'offrirent pour nous porter leur charge à Beboulle. On accepta leurs offres, mais on ne leur donna que des vivres à porter, et nous, nous partîmes le 5 Mars, après avoir mis le feu à tous les batiments, et brisé un navire et grand nombre de chaloupes.

Notez que le Sieur de Montigny avait été à la baie de la Conception, où il trouva tous les habitants réfugiés sur l'île de Carbonnière, qui est inaccessible. Lorsque nous fûmes au petit hâvre, où nous avions laissé M. de Costebelle, comme nous avions fait suivre presque tous nos prisonniers, on résolut d'en renvoyer une partie, et on arma trois chaloupes; M. de Costebelle s'embarqua sur une, et le Sieur Durant, commissaire, sur une autre, et nous, nous cotoyâmes tous les ports Anglais, en détruisant tout ce qui leur pouvait servir. Lorsque nous arrivâmes à Forillon, les ennemis s'y étaient retranchés avec du canon, M. de Subercase les envoya sommer de se rendre, ce qu'ils refusèrent, et ce qui le détermina à faire marcher en bataille. Lorsque les ennemis virent ce mouvement, ils abandonnèrent leurs postes, nous ouvrirent la porte, et se rendirent à discrétion.

Comme nous n'avions plus d'ennemis à craindre, M. de Montigny demanda un détachement de Canadiens et sauvages pour aller tâcher de surprendre l'île de Carbonnière. Ils y firent quelques prisonniers et quelques pillages, et retournèrent à Plaisance, où nous nous étions rendus environ un mois avant.

Le Sieur de Montigny ne fut pas plutôt arrivé qu'il demanda un parti à M. de Subercase pour aller courir les côtes Anglaises, qui lui fut accordé. Il partit et prit sa route par la baie de Carmel, fit le portage de la baie de la Trinité, où il pilla tous les habitants, et chargea les effets sur un petit batiment, qui se rendit à Plaisance, et lui continua ses courses jusqu'à Bonneviste, où il trouva les habitants retranchés dans l'île. Il fut les attaquer, et, sans beaucoup de résistance, se rendirent environ cinquante hommes. Le commandant, qui était commerçant, demanda à se rançonner, moyennant quatre mille livres sterling, qu'il promit faire payer par une lettre de change qu'il tira sur M. Nelson à Boston. La rançon faite, il retourna à Plaisance, après avoir assuré les Anglais qu'il ne retournerait point de Français chez eux, qu'ils pouvaient faire leur pêche en toute sûreté. M. de Montigny ne fut pas plutôt arrivé qu'un autre Canadien demanda à commander un parti pour retourner sur les mêmes côtes, et retourna à Bonneviste, d'où il amena prisonnier le commandant qui s'était rançonné, et envoya un petit batiment chargé des dépouilles. Le commandant prisonnier voulut réclamer la lettre de change de sa rançon et quelqu'argent comptant qu'il avait donné ; il n'en put point avoir de raison, et par la suite la lettre de change a été payée par le canal de M. de Vaudreuil.

Vers le mois de Juin, le nommé Leviré, commandant un vaisseau, amena à Plaisance une prise qui allait de Boston à St. Jean. Les deux bourgeois s'appelaient Gefry et Quin. Ils demandèrent à demeurer libres sur leur parole, ce qui leur fut accordé ; mais peu de jours après, Quin trouva moyen d'armer une chaloupe et de se sauver, et se rendit à St. Jean. Comme dans ce port comme dans les nôtres, le premier arrivé y est amiral, avec cette différence que dans nos ports le commandant du lieu commande aussi sur les vaisseaux, au lieu qu'à Saint Jean le gouverneur n'a aucune direction sur les vaisseaux.

Dans ce même temps, les Anglais prirent un vaisseau venant des ports d'Espagne, adressé par M. Ducasse à M. de Subercase. Le capitaine (Deminier), Malouin, qui le commandait, demanda aux capitaines marchands la permission d'aller à Plaisance, leur assurant de retourner ou de renvoyer M. Gefry en échange. La proposition fut acceptée, et les capitaines Anglais écrivirent à Monsieur de Subercase la lettre ci-jointe, proposant de faire un échange général, et en attendant demandèrent à échanger MM. Roup et Gefry, ce qui leur fut accordé, et l'échange général se fit au second voyage.

Approchant de l'automne, on fit embarquer une partie du détachement du Canada sur une barque ; le reste fut réservé pour s'embarquer sur un petit vaisseau, à l'arrière saison, qui ne partit de Plaisance que le 20 Octobre, et ayant été contrarié par les vents, et perdu deux ancres, il ne se rendit à Québec que le 6 Novembre.

A remarquer que M. Lamotte-Cadillac, qui s'était brouillé avec M. de Vaudreuil, passant par Cataracouy, où commandait M. de la Corne, il y fut reçu avec le salut du canon, ce qui étant venu à la connaissance de M. de Vaudreuil, il envoya M. de Tonty pour relever M. de la Corne.

Le Sieur de Montigny, avec le nommé Nescaubeouit, passa en France. A ce Nescaubeouit fut donné le nom de Prince des Abenaquits ; effectivement il avait la mine et la bravoure d'un grand homme, aussi fut-il reçu gracieusement à la Cour.

En la même année étaient arrivés à Québec Messieurs Raudot, père et fils, tous deux intendants de la Nouvelle France. La principale occupation du père fut d'administrer la justice et police, et de la mettre en règle. M. son fils avait le détail des finances, et, en l'absence de M. son père, les fonctions de l'une et de l'autre.

1706.—Messieurs les intendants montèrent à Montréal ; les ordonnances et réglements qu'ils y rendirent sur le fait de la police et dépendance, démontrèrent assez du bon ordre qui manquait à cette colonie.

Monsieur Daigremont eut ordre de la Cour de faire la visite et revue de tous les postes du pays d'en haut. En montant il passa par Cataracouy et les lacs, et de Missilimakinac descendit par la grande rivière, et fut fort gracieusé de toutes les nations, et bien regalé de poisson blanc, qui est, selon lui, un mets des plus délicieux.

1707.—Comme la paix était générale, tant des ennemis du dehors que au-dedans de la colonie, on ne pensait qu'à se réjouir. M. Raudot, pour donner de l'émulation aux habitants, en leur procurant un chemin de sortie pour leurs denrées pour les autres colonies, fit que chacun s'appliqua à mieux cultiver ses terres.

1708.—Monsieur Raudot inventa un autre genre de divertissement, par une mascarade qui représentait les quatre saisons; le tout avec une magnificence, et à ses dépens, qui passe l'imagination pour un nouveau pays comme celui-là.

1709.—Comme nous avions la guerre avec l'Angleterre, notre colonie fut menacée et par mer et par terre, je veux dire du côté d'Orange, et que M. Nicolson devait marcher en tête de deux mille hommes pour envahir nos côtes de Montréal, pendant que l'armée de mer attaquerait Québec, et que pour y parvenir, M. Nicolson avait fait construire un fort au-dessus du lac Champlain, où il faisait construire grand nombre de bateaux et canots. Comme l'affaire était sérieuse, nous envoyâmes des partis à la découverte dans le lac Champlain, et nous fûmes avertis des préparatifs des ennemis. Enfin on résolut de les prévenir, et pour cet effet, M. de Ramezay, gouverneur de Montréal, y fut envoyé avec un gros détachement de troupes, de milice et sauvages, et le rendez-vous était à Chambly, où, par les soins de Messieurs les intendants, les magasins étaient bien munis d'amunitions de guerre et de bouche. La petite armée partit de Chambly à la fin de Juillet, et cotoya le lac Champlain, du côté du nord. Lorsque nous fûmes à la rivière des sables, nous y trouvâmes deux de nos sauvages qui venaient de Corlard, avec une chevelure qu'ils avaient levée à une femme. Ils nuit, où ils avaient vu des ennemis, sans en savoir le nombre, ce qui détermina M. de Ramezay d'envoyer à la découverte, sans en parler à M. de la Chassagne, qui commandait les troupes, et celui qu'il mit à la tête des découvreurs était le Sieur Delapeyrade, son neveu, et avec peu de cervelle. Comme ce départ fut presque incognito, il était déjà bien loin lorsque je l'appris, cependant je fus remontrer à M. de Ramezay qu'en pareil cas il ne pouvait envoyer en ces endroits un homme trop sensé; il me témoigna en être mortifié, mais il n'y avait plus de remède. Le jour étant sur le déclin, nous nous mîmes en marche, et arrivâmes à nuit close à la rivière aux loutres, où le Sieur Delapeyrade devait nous attendre. Cependant il avait passé outre, et en parage d'être vu des ennemis, qui étaient à la découverte, qui les fit disposer à faire une embuscade à environ un quart de lieue au-dessous de leur camp. Un canot de nos sauvages, qui se voyaient bravés pour n'avoir pas été choisis pour aller à la découverte, prirent le mors aux dents, et partirent sans consulter personne; et lorsque nous arrivâmes à la rivière aux loutres, sans y trouver le Sieur Delapeyrade, M. de Ramezay était comme un furieux, menaçant de faire casser son neveu, qui, peu de temps après, arriva, qui dit qu'il avait découvert la fumée du camp des ennemis, de quoi nous ne doutions point, mais il ne disait pas qu'il avait été vu des ennemis. Enfin, la nuit on se mit en marche, ayant le Sieur de Montigny avec des Abenakis à la tête. Vers deux heures après minuit, le canot des sauvages qui s'étaient débandés vint à notre rencontre, qui dirent que, voulant débarquer, ils avaient donné dans l'embuscade des ennemis, qui avaient tué un de leurs gens et blessé un autre, qu'ils s'étaient pourtant tirés au large sans autre accident. Voilà les fruits de la découverte du Sieur Delapeyrade.

Cette action donna l'alarme aux plus timides. On ordonna de débarquer à trois-quarts de lieue au-dessous de la pointe à la chevelure, avec ordre à chacun de se ranger à son drapeau; le bataillon des troupes était commandé par M.

de la Chassagne, et deux bataillons de milice commandés par des officiers des troupes. Le débarquement se fit dans une ance de sable ; les sauvages avaient débarqué à la pointe, à une petite distance ; M. de la Chassagne eut ordre d'entrer dans le bois avec ses troupes, et les milices devaient suivre. Comme M. de la Chassagne avait entré dans le bois à l'insu des sauvages, lorsqu'il fut vis-à-vis de leurs canots, qui en marchant cassait des branches, nos sauvages crurent que c'étaient des ennemis, firent un cri, et reculèrent sur notre milice, qui fut culbutée ; plusieurs prirent la fuite, et le nommé Pilet prit la route de Chambly, où il se rendit en deux jours, pour y donner l'alarme, en disant que nous avions été mis en déroute. Il est bien vrai qu'il y en avait un bon échantillon, et assez de dispositions pour que un seul coup de fusil tiré dans le bois nous eut fait embarquer dans nos canots, même avec beaucoup de confusion ; cependant n'entendant point tirer, et ne voyant point d'ennemis, on se raillia, tant bien que mal. Laissant deux hommes par canot, on entra dans le bois, où tous les arbres paraissaient comme des ennemis, ce qui faisait que l'un tirait à *dia* l'autre à *huhau ;* M. de Ramezay se trouva souvent tout seul, ne sachant où étaient ses troupes, et pour achever de donner la chaude, Deruisseau, qui avait été à la découverte, rapporta qu'il avait vu un gros d'ennemis, où il croyait qu'il y avait neuf cents hommes. A cet avis le commandant se trouve embarrassé, et, pour augmenter son embarras, nous vîmes sept canots des ennemis qui venaient droit à nous, et les neuf cents hommes supposés venaient par dans le bois. Comme tous les Français étaient éparpillés comme des perdreaux, on ne prenait aucune mesure ; il n'y avait que les soldats et le bataillon de milice de lignery qui fussent en règle : les canots ennemis, qui venaient à nous fort lentement, nous persuadaient qu'ils étaient soutenus par terre. Lorsque le premier canot fut par notre travers, à bonne portée de fusil, des sauvages qui étaient avec moi voulaient tirer dessus, je les empêchai jusqu'à ce qu'ils fussent tous engagés. Cependant on avait donné ordre que l'on armât quatre canots pour les investir; comme on s'y disposait, le Sieur de Martelly porta un ordre contraire, et fit rentrer ceux qui y étaient destinés dans le bois. Lorsqu'il y eut quatre canots des ennemis assez engagés, je fis faire une décharge dessus, et au bruit de la décharge, ceux que nous avions dans le bois y accoururent, qui firent un feu continuel sur les canots, qui se tirèrent au large. Deux de nos Abenakis s'embarquèrent dans leur canot, et joignirent les ennemis à portée de fusil, et firent feu dessus. A l'exemple de ces deux sauvages, des Canadiens s'embarquèrent dans trois ou quatre canots, et joignirent une partie des ennemis comme ils débarquaient de l'autre côté, au bas d'un pays escarpé, où il en fut tué trois ou quatre, et on n'eut pas l'esprit d'en prendre un en vie pour pouvoir savoir la situation de leur camp. Tout le monde s'embarqua pour aller joindre les premiers qui avaient suivi les ennemis. On fit un détachement pour poursuivre l'ennemi, qui avait gagné la profondeur des bois, mais sans en pouvoir trouver. Ensuite on envoya faire la découverte sur la pointe à la chevelure, où l'on ne trouva que quelques guénilles que les ennemis avaient laissées; après quoi nous y fûmes camper, où le conseil s'assembla, qui conclut de relâcher à l'exemple des sauvages, qui, dès qu'ils ont fait le moindre exploit sur l'ennemi, s'en retournent sans hésiter. Cette conduite me parut extraordinaire, ce qui me détermina d'aller trouver M. de Ramezay en son particulier, pour lui faire envisager les conséquences, et lui faire toucher au doit et à l'œil qu'il ne tenait qu'à lui de rompre tous les projets des ennemis, puisqu'il ne s'agissait que de marcher le reste du jour et la nuit suivante pour surprendre les ennemis dans leurs ouvrages, qui, à la faveur du parti que nous avions mis en fuite, demeuraient tranquilles dans leur camp, et que les fuyards ne pouvaient s'y rendre de plus de quatre jours, ayant à faire le tour du lac St. Sacrement. Il m'objecta que les ennemis étaient retranchés, et qu'ils avaient un ingénieur, que ce serait trop risquer. J'eus beau lui représenter les suites fâcheuses que cela nous attirerait, tout cela fut inutile, ce qui me détermina à composer une lettre, comme si un de mes amis me l'eut écrite, et qu'il m'eut marqué les grands préparatifs que l'on avait faits à Québec pour y bien recevoir l'ennemi, s'il y allait, avec d'autres particularités tournant à notre avantage. Et avec cette circonstance que M. de Vaudreuil mandait à M. de Ramezay de ramener son armée aux environs de Chambly, pour être à portée de bien charger l'ennemi s'il approchait, le lendemain, comme on se disposait à partir, je laissai la lettre parmi d'autres papiers, après en avoir pris copie pour envoyer à M. Raudot, et nous nous rendîmes à Chambly, où M. de Ramezay me laissa, avec un nombre d'habitants, pour mettre le fort en état de défense, et M. de Ramezay eut ordre de descendre avec toutes les troupes à Québec. Monsieur de Longeuil resta commandant du gouvernement, où il reçut ordre d'abandonner le Fort Chambly, après en avoir retiré tous les effets. Je lui fis mes remontrances, et l'assurai que de la manière que je l'avais retranché, je ne lui demandais que cent hommes pour le défendre. Il m'obligea d'écrire à Québec mes sentiments, et il écrivit de son côté, si bien qu'il y eut ordre de conserver le fort, où le Sieur de Perigny commandait, qui envoya son épouse pour demander d'être relevé, ce qui lui fut accordé, et M. de Bergères fut commander à sa place.

Comme il n'y avait presque point de troupes à Montréal, et que l'on ne doutait point que les Anglais d'Orange ne fissent une descente dans le gouvernement de Montréal, l'affaire de la pointe à la chevelure et du petit sault ayant manqué, M. de Longeuil fit faire une assemblée dans une des salles du Séminaire, où l'on donna liberté à chacun de dire son sentiment. Comme j'ai déjà dit qu'il n'y avait point de troupes, et peu d'habitants, on proposa de retrancher le quart de la ville, en faisant une palissade à la rue St. François, et de couper les vergers des Récollects et autres, et moi j'opinai tout au contraire, et leur fit voir que cinquante hommes dans le moulin et greniers des seigneurs étaient suffisants pour défendre cette partie, et que plus l'ennemi trouverait de retranchements et clôtures de jardin à forcer, plus trouverait-il d'obstacles à forcer le reste de la ville. Ainsi toutes choses demeurèrent en leur état, et nous apprîmes du Fort Frontenac, par le Sieur de la Frenière, que l'écrit qui avait été trouvé à la pointe à la chevelure avait causé une grande consternation à l'armée Anglaise, sur quoi tous les sauvages s'étaient retirés, et par conséquent nous fûmes garantis et de l'armée de mer et de l'armée de terre ; cependant on envisagea les conséquences qu'il y avait de fortifier Chambly, étant sur le passage de l'ennemi. La délibération faite, Messieurs les intendants ordonnèrent des fonds pour cette dépense, et obligèrent tous les habitants du gouvernement de Montréal d'y donner chacun huit jours de corvée, et que pour l'année suivante on put commencer ces ouvrages et les mettre en état de défense, on m'ordonna de m'y transporter l'automne, pour y faire amasser des matériaux, et pendant tout l'hiver on tailla les pierres angulaires, portes et fenêtres.

1710.—Dès le printemps on commença les fouilles du Fort Chambly, et l'automne toute l'enceinte fut élevée à douze pieds de hauteur.

Pendant tout l'été nous eûmes un parti de cinquante hommes sur les avenues du lac Champlain, et les découvreurs nous rapportèrent que les ennemis avaient repris le projet de venir à Montréal, et que pour cet effet ils construisaient nombre de bateaux et canots au petit sault, sur un ruisseau qui décharge dans le lac Champlain.

1711.—Le Sieur Leveston, envoyé de Nouvelle York, arriva à Québec pour y négocier quelques affaires avec nos puissances. Il s'en retourna au mois de Février par le gouvernement de Montréal, et passa à Chambly, où il fut très bien régalé aux dépens du Roi, et les Sieurs de Rouville et Dupuil l'accompagnèrent en son pays, et ramenèrent le printemps le père (Marest ?), jésuite.

Comme il était de conséquence de mettre le fort de Chambly dans sa perfection, par rapport aux avis que nous avions des desseins de l'Angleterre, on y mit suffisamment des ouvriers pour être achevé au mois de Septembre. Pendant ce temps-là, les ennemis continuaient leur projet, à faire des bateaux et canots au petit sault, et à Québec on fut averti qu'il y avait une flotte Anglaise très nombreuse en rivière. Comme le premier relâche des ennemis en avait causé un aux Français, en négligeant de se fortifier, au sçu de cette nouvelle, M. de Vaudreuil envoya chercher M. de Beaucour afin de prendre des mesures pour se retrancher. M. de Beaucour, en tirant son épée du fourreau, lui dit qu'il n'y avait pas d'autre parti à prendre pour combattre l'ennemi que de bien affiler chacun son épée, qu'il n'était plus temps de faire de fortifications. Cependant on fit commander toutes les milices, et on fit descendre les troupes pour faire des lignes et retranchements à Beauport et à la petite rivière, pour en défendre le passage, et tous les bourgeois de la basse-ville se transportèrent à la haute, avec tous leurs effets. M. de Ramezay descendit aussi, et laissa M. de Longeuil, qui, avec les habitants de la côte du sud, devait harceler l'ennemi sur les avenues de Chambly.

Comme on était attentif à voir paraître la flotte ennemie, ayant plusieurs partis à la découverte, le *Hereau* (Héros ?), vaisseau du Roi, qui avait fait une prise, lorsqu'il fut par le travers de l'Ile Verte, où il voyait du monde, y envoya sa chaloupe. Les découvreurs les prirent pour des Anglais, firent une décharge dessus et se retirèrent, portant l'épouvante à Québec, où l'on fit travailler nuit et jour pour se retrancher, mais on ne fut pas longtemps sans apprendre la nouvelle que les découvreurs s'étaient trompés, que c'était notre vaisseau, qui arriva devant Québec quatre jours après. On ne savait que penser de l'armée Anglaise que nos Français avaient vu paraître au cap des rosiers. Enfin, quelques temps après, arriva un canot qui venait de Mahingan, qui rapporta le naufrage de la flotte Anglaise à l'île aux œufs. L'amirauté fit ses diligences pour en faire ramasser les débris, où le Sieur Barbet fut hiverner. Ainsi, voilà les épées rangaînées, ce qui détermina M. de Vaudreuil de faire marcher toutes les troupes et milices droit à Chambly, où il se rendit lui-même, à dessein d'aller au-devant de l'ennemi, mais on se contenta de rester quelques jours aux environs de ce fort, où l'on apprit que les ennemis avaient abandonné leur projet, sur les avis qu'ils avaient eus du naufrage de leur flotte. Ainsi on envoya des partis pour tâcher de bruler leur bateaux, et l'armée de Chambly fut congédiée ; ainsi chacun fut à son département.

Monsieur Bégon, nommé intendant du Canada, et qui ne s'y rendit point cependant. L'indisposition de M. Raudot, père, par le conseil des médecins, le contraignit de passer en France, après avoir commis à M. Daigremont les affaires de l'intendance, de quoi il s'acquitta très bien.

On commença à jetter les fondements de deux redoutes à Québec, pour être continuées l'année suivante, quoique les fonds étaient épuisés.

1712.—L'une des redoutes fut achevée à la menuiserie près, et la maçonnerie de l'autre montée au carré, et en outre on fit un mur le long de la côte du Palais jusques vis-à-vis l'Hôtel-Dieu, et on commença deux bastions, et la courtine entre la redoute du cap au diamant et le cavalier de M. Dupont, et ces ouvrages en sont demeurés là. M. de Beaucour ayant été envoyé à l'île royale, je fus chargé de la conduite des ouvrages et des toises.

Vers le mois d'Août, des chefs Iroquois descendirent à Québec, qui furent régalés au Palais par M. Daigremont. Peu de jours après, nous eûmes avis de la défaite des Renards au Détroit, mais nous n'en apprîmes les circonstances que longtemps après.

Il est bon de savoir que lorsque M. de Lamotte était au Détroit, voulant attirer le commerce de toutes les nations à son poste, avait envoyé des colliers aux Mascoutins et Quiquapous pour les inviter à faire village au Détroit, où il leur offrait une place, ce qu'ils acceptèrent, et où étant venus au nombre d'environ quarante familles, y firent un fort à l'endroit qui leur fut marqué. Comme cette nation est crainte et haïe des autres nations, à cause de son arrogance, on commença à fomenter une conspiration contre ceux qui étaient établis au Détroit, et effectivement, en 1712, le Sieur Dubuisson, commandant au Détroit, les conspirants Hurons et Outaouais, au nombre d'environ neuf cents hommes, se rendirent au fort des Français, à qui le commandant fit ouvrir la porte, où ils entrèrent brusquement, et montèrent sur les bastions qui commandaient le fort des Renards, sur lequel ils firent plusieurs décharges de mousqueterie. Un des chefs des Renards éleva sa voix, en parlant aux Français, en ces termes : " Qui est-ce que cela veux dire, mon père, tu nous as invité à venir demeurer auprès de toi, dont ta parole est toute fraîche dans nos sacs, et tu nous déclares la guerre, où est le sujet que nous t'en avons donné. Apparemment, mon père, tu ne te souviens point qu'il n'y a point de nations, de ceux qui se disent tes enfants, qui n'aient trempé leurs mains dans le sang des Français ; je suis le seul à qui tu ne pourrais faire ce reproche, et cependant tu te joins à nos ennemis pour nous manger ; mais sache que le Renard est immortel, et si, en me défendant, je répands du sang des Français, que mon père ne me le reproche point." Et rapporta plusieurs autres particularités. Son audience finie, ou plutôt interrompue par la mousqueterie, le Renard y répondait très bien, et travaillèrent nuit et jour à creuser des cavernes dans leur fort, pour y mettre leurs familles à couvert des armes à feu. Le quatrième jour, le Renard commençant à manquer de tout pour vivre, éleva encore sa voix en ces termes : " Mon père, je ne m'adresse point à toi, je parle à ces femmes qui se cachent dans ton fort, que s'ils sont aussi braves comme ils le disent, qu'ils se détachent quatrevingt des meilleurs guerriers, auxquels je promets, et tu en seras témoin, mon père, que je ne leur en opposerai que vingt, et si les quatrevingt les abattent, je consens d'être leur esclave, et si, au contraire, les vingt abattent les quatrevingt, ils seront nos esclaves." On ne répondit à toutes ces propositions que par la mousqueterie, sans qu'il y eut personne de tué. Le huitième jour étant venu, les Renards étant tous exténués, y ayant près de six jours qu'ils n'avaīent mangé, ils sortirent la nuit de leur fort avec leurs familles sans être découverts. Le jour venu, on avait accoutumé au fort des Français de faire plusieurs décharges de mousqueterie sur celui des Renards, qui y répondaient de leur côté, mais ce jour-là on n'y tirait plus, ce qui donna la curiosité aux ligués d'aller au fort des Renards, où ils ne trouvèrent personne. En même temps, les chefs demandèrent à M. Dubuisson le Sieur de Vincennes, avec un nombre de Français, pour marcher à leur tête à la poursuite des Renards. Comme les Renards étaient affamés, ils se mirent dans une presqu'île pour y paître de l'herbe, et on ne pouvait aller à eux que par un défilé qu'ils avaient soin de garder. Enfin les ligués y arrivent, leur ferment leur sortie, et on fusillait de part et d'autre. Le Renard se voyant renfermé éleva encore sa voix, en parlant au Sieur Vincennes, qui leur avait déjà crié de se rendre : "Dis-moi, mon père, s'il y a cartier pour nos familles, c'est à toi à qui je veux me rendre, réponds-moi ?" Aussitôt le Sieur de Vincennes lui cria qu'il leur accordait la vie sauve. Aussitôt le Renard mit les armes bas, et comme il s'en allait au-devant des alliés, en un instant ils furent investis, et tous les Renards taillés en pièce avant qu'ils pussent rejoindre leurs armes. Les femmes et enfants furent amenés esclaves et vendus, la plupart aux Français. Ainsi périrent les Renards que M. de Lamotte avait fait venir au Détroit. Aussitôt que le Mascoutin et Quiquapou des grands villages eurent appris cette action, ils envoyèrent plusieurs partis en campagne, les uns à la baie, d'autres au Détroit et à toutes les avenues, faisant fuir toutes les autres nations, qui n'ôsaient tenir à leur approche, jusqu'à ce que

M. de Louvigny les a assiégés dans leur fort, où ils étaient bien retranchés, qui, par l'effet des bombes, furent contraints de se rendre, la vie sauve, qui leur fut accordée par M. de Louvigny, malgré le sentiment des autres nations qui voulaient les exterminer.

www.ingramcontent.com/pod-product-compliance
Lightning Source LLC
LaVergne TN
LVHW020440230826
846091LV00004B/1555

* 9 7 8 2 0 1 3 6 2 7 2 6 9 *